図解 図解でわかる **臨床心理学**

井上嘉孝 編著

中央法規

はじめに

　本書は、臨床心理学に関心をもった初学者向けの入門書です。高校生でも読んでもらえるように、できるだけわかりやすく平易な記述を心がけましたが、その内容は決して浅いものではありません。あちこちに臨床のエッセンスがちりばめられ、深く考えるための「スパイス」が効いています。また、臨床心理学のトピックスを網羅的に取り上げているので、大学院受験や資格試験のおさらいのために読むこともできるでしょう。ぜひ興味のある項目から自由に読んでいただければと思いますが、「第1章 臨床心理学をはじめて学ぶ人が知っておきたいこと」は理念や歴史のことなので、とっつきにくいところがあるかもしれません。そうした場合「第8章 カウンセリングの実際」から先に読んでいただくと、臨床場面を具体的に思い浮かべることができて理解が深まると思います。教育や医療・福祉関係の方など、実際の対人援助のヒントを探している場合は「第3章 代表的な心理療法・アプローチ」や「第5章 臨床心理学の主な支援対象」が特に参考になるのではないでしょうか。もちろん本書を最初から最後まで通して読んでいただけると、臨床心理学の全体像がおおよそつかめてくると思います。

　とはいえ、臨床心理学を簡単なことばで、短い文字数のなかで説明するのはとても難しいものです。というのも、臨床心理学とはさまざまな困りごとを抱えた一人ひとりのこころに寄りそう実践的な学問だからです。私たちの悩みは同じように見えて、丁寧にとらえていくと実際は一人ひとり全くといってよいほど異なっています。

　例えば、「眠れない」といっても、その様子を丁寧に見てみると、Aさんは「あれもやらなきゃ、これもやらなきゃ。気持ちが高ぶってしまって眠れない」のかもしれないし、Bさんは「友達にあんなことを言って、どう思われたかな。くよくよ考えてしまって眠れない」のかもしれません。背景に未来への不安や過去に対する後悔があるのかもしれません。健全な青年の悩みかもしれないし、精神的な病気の始まりにあるような不眠かもしれません。

そのあたりの違いを、臨床心理学はきちんととらえて、丁寧に具体的にかかわっていきます。

　要するに、人間のことやこころのことは簡単にはわかりません。学ぶべきことはたくさんあるし、安易な解答やゴールはありません。一人ひとりのことばや悩みごとに丁寧に耳を傾けることが大切なのだと常々感じさせられます。

　他方で、私たちはみな同じ人間として、共通する点も多々あります。だからこそ、こころの法則性を研究する心理学が成り立つのです。千差万別に異なっていて、それでもどこか共通する点が見つかる。オモテにあらわれてくる現象の底、深いところではつながるものが見えてきます。

　本書の執筆者は、そんな臨床心理学についてひたすら考え続け、実践し、研究を積み重ね、それを教えてきた先生たちです。そのエッセンスをできるだけわかりやすく、幅広く伝えたい。そんな思いから、執筆段階では互いの原稿に目を通し、互いにコメントを出し合い、すべての項目をよりわかりやすく、大切なポイントをお伝えできるように書き直しました。こうした試みは分担執筆の本としてはあまりないものだと思います。本書が臨床心理学に関する理解を広げ、さらなる関心や学びへとつながってくれることを願ってやみません。

　最後になりましたが、本書の成立にあたっては中央法規出版第一編集部の牛山絵梨香さんに大変お世話になりました。牛山さんは本書の骨組みと方向性を検討する段階から大いに支援してくださり、丁寧な編集作業と助言でお力添えいただきました。また、かわいらしくて味わい深いイラストを描いてくださった坂木浩子さんにもお礼申し上げます。坂木さんの絵がもつ力は、本書の特徴である「図解」の魅力を大いに高めてくださっています。

　カウンセラーは日々の臨床現場でクライエントからたくさんのことを学びます。そして私は今、自分のオフィスでカウンセリングの合間にこの文章を書いています。もうすぐクライエントがやってきて、カウンセリングが始まります。こうした日々は臨床心理学の基盤であり、目的です。クライエントのみなさんに、心から感謝申し上げます。

2023年10月

井上嘉孝

図解でわかる　臨床心理学　目次

はじめに

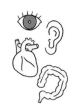

第3章　代表的な心理療法・アプローチ

第 **4** 章　臨床心理学のアセスメントと検査方法

第 **5** 章　臨床心理学の主な支援対象

第 6 章　臨床心理学が活きる場

第 **7** 章　臨床心理学の専門家

第 8 章 カウンセリングの実際

.

臨床心理学を
はじめて学ぶ人が
知っておきたいこと

基本理念
成り立ち

01

臨床心理学とは何か？

基本理念
成り立ち

こころの悩みと向き合う実践の心理学

　臨床心理学とは、こころの悩みや問題を抱えた人に対して、広い意味でのこころに関する知識と方法を用いてその悩みや問題の背景や本質を理解し、解決に至る道筋をその人とともに探っていこうとするための学問領域です。

　臨床心理学が対象とするこころの悩みや問題は極めて多岐にわたります（➡第5章、第6章）が、それらの背景や本質を臨床心理学的に理解することは**アセスメント・見立て**などと呼ばれます。そのうえで、カウンセリング、心理療法、心理教育、コンサルテーションなどといった介入が行われます。臨床心理学的見立てと介入の関係については、医学における診断と治療の関係をイメージするとわかりやすいかもしれません。

　臨床心理学の「臨床」とは、このように悩める人の傍らにいること、こころの諸問題と向き合う現場での実践を意味する言葉です。アセスメントや臨床的介入の技法にはさまざまなものがあります（➡第3章、第4章）。

信頼関係の構築が実践の土台となる

　私たちのこころの悩みや問題の多くは人間関係のなかで生じ、現れてきます。そうだとすれば、それを癒し、乗り越えていくときにも人間関係が大切になってくるはずです。

　臨床心理学では、悩みを抱えて相談に来た人のことを**クライエント**と呼びます。クライエントがこころを開き、自分の悩みや問題に向き合っていくための支えになるのがカウンセラー、心理士などと呼ばれる臨床心理学の専門家との関係性です。お互いに信頼関係が構築されることによって、臨床心理学の実践は進んでいくのです。そのために、臨床心理学の専門家には知識や技法を超えたたゆまぬ研鑽が求められています。

臨床心理学とは 図

クライエントとカウンセラーの関係性

クライエント

悩みを語る

こころの表現

協働

カウンセリングの進展
信頼関係の深まり

カウンセラー

共感的理解
アセスメント
臨床的介入

対象となる心理的問題、アセスメントと介入技法

臨床心理学の対象 （こころの悩み、問題）	・対人関係、コミュニケーションの難しさ ・自己肯定感のなさ、自分の性格の問題 ・家族関係、家庭、子どもの問題 ・不安、不眠、うつなどといった心理的症状 ・精神疾患、発達障害　　　　　　　　　　　　　など
アセスメントの技法 （クライエント理解の方法）	・観察法（よく見る） ・面接法（よく聴く） ・心理検査（質問紙法、投映法など）　　　　　など
臨床的介入の技法 （信頼関係構築と 問題解決に向けて）	・心理面接（傾聴、共感的理解など） ・心理教育とコンサルテーション（情報提供や専門的アドバイス） ・認知行動療法 ・深層心理学的心理療法（描画法、夢分析、箱庭療法など）　　　　など

ほかならぬ自らの人生を生きる／死にゆくプロセスに寄り添うこと

第2章 こころの基本的な仕組み

第3章 代表的な心理療法・アプローチ

第4章 臨床心理学のアセスメントと検査方法

第5章 臨床心理学の主な支援対象

第6章 臨床心理学が活きる場

第7章 臨床心理学の専門家

第8章 カウンセリングの実際

02

臨床心理学の成り立ち

▶ ウィットマーとフロイト、その後の発展

　狭い意味での臨床心理学の成立は19世紀末のことです。1896年、アメリカの**ウィットマー**（Witmer,L.）はペンシルバニア大学に心理クリニックを創設し、教育上の問題を抱えた子どもたちのアセスメントと心理的介入を始めました。同時期、フランスでは学術専門誌が発刊されました。そしてオーストリアでは**フロイト**（Freud,S.）が、神経症患者を主な対象として精神分析の理論と技法を創始し、無意識概念を基盤とする心的力動論やパーソナリティに関する理解を深めました。臨床心理学はその後、来談者中心療法、認知行動療法などといった理論・技法的展開を見せて、世界に広がっています。日本でも内観療法や森田療法など、独自の発展を遂げた技法があります。

▶ 臨床心理学の源流をたどる

　人間の苦悩に寄り添う仕事は、実のところ、臨床心理学以前からありました。医師、宗教家、哲学者、教育者などがその代表です。それぞれの領域から臨床心理学は多くの知恵を受け取っています。そのうえで臨床心理学の最も重要な独自性は、こころの悩みを抱えた人が安心して自由に内面を表現することができる場と関係性を通じて、その人のこころを理解しようとするところにあります。そして、そのような場で生じる言語的・非言語的な表現の相互作用を通じて、**こころの変化**を目指していくのです。

　臨床心理学における関係指向的で力動的な人間理解とかかわりは、個人・個性・理性を重視してきた西洋近代の視点を超えていくものともいえます。臨床心理学は一人ひとりの苦悩とかかわる学問ですが、同時に、広範な歴史・文化的文脈のなかでとらえることも大切です。個人のこころも同様に、幅広い源流をもっています。

臨床心理学の成り立ち 図

第1章 臨床心理学をはじめて学ぶ人が知っておきたいこと

第2章 こころの基本的な仕組み

第3章 代表的な心理療法・アプローチ

第4章 臨床心理学のアセスメントと検査方法

第5章 臨床心理学の主な支援対象

第6章 臨床心理学が活きる場

第7章 臨床心理学の専門家

第8章 カウンセリングの実際

臨床心理学の先駆者たち

フロイト
（Freud,S.1856-1939）

ウィットマー
（Witmer, L. 1867-1956）

ユング
（Jung,C.G.1875-1961）

アイゼンク
（Eysenck,H.J.1916-1997）

臨床心理学史 略年表

臨床心理学史の概要	
年	出来事
1895	フロイト『ヒステリー研究』発表
1896	ウィットマーによる心理クリニックの創設
1900	フロイト『夢判断』発表
1902	パブロフによる条件反射の実験
1919	森田正馬による森田療法の創始
1920	ワトソンによる恐怖の条件づけの実験
1921	ロールシャッハ・テストの開発
1921	ユング『心理学的類型』発表
1939	ウェクスラー式知能検査の開発
1942	ロジャーズによるクライエント中心療法の提唱
1948	スキナーによるオペラント条件づけの応用
1952	アイゼンクによる精神分析批判
1953	吉本伊信が奈良県大和郡山市に内観道場を開設
1957	向精神薬の誕生
1958	ウォルピによる系統的脱感作法の開発
1962	エリスによる論理情動療法の提唱
1965	河合隼雄が箱庭療法を日本に紹介
1976	ベック『うつ病の認知療法』発表
1977	ワクテルによる統合的心理療法の提唱
1980	DSM-Ⅲの発表　操作的診断基準の確立と多軸評定
1985	諸学派の代表的心理療法家が集ったフェニックス会議の開催
1988	日本臨床心理士資格認定協会の設立と「臨床心理士」の誕生
2017	公認心理師法の施行、国家資格「公認心理師」の誕生

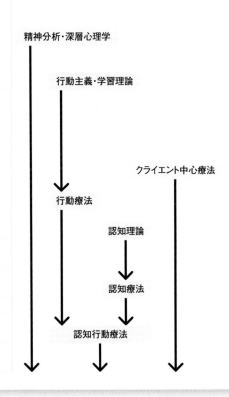

精神分析・深層心理学

行動主義・学習理論

↓

行動療法

認知理論

↓

認知療法

認知行動療法

クライエント中心療法

03

臨床心理学の視点は
何に役立つ？

人間理解を深める、具体的な人間にかかわる

　臨床心理学は、人間の生きづらさや苦悩、こころの症状や病を深く見つめてきました。したがって、人間やこころを理解するための豊かな知見が蓄積されています。例えば、パーソナリティやライフサイクル、関係性などの項を参照してください。また、人間やこころを深く理解したうえで、具体的にどのようにかかわればよいか、実践的な技法をもっていることも特徴です（➡第3章、第5章）。

現実・現象を多層的にみる

　私たちの現実は、単に客観的なものではありません。母親が鬼であったり、恋人が仔猫であったりするように感じます。死者も生きている人以上に私たちに影響を与えます。このように主観的、対人関係的に構成された私たちの多層的な現実のあり方について、またそれがどのように変化していくかについて考えてきたのが臨床心理学です。

よりよく生きるために

　エディプス・コンプレックスという概念（男子が母親を愛し、父親を憎む深層心理のこと）は、私たちのこころの奥深くには親を憎む気持ちがあってもよいことを認めてくれます。共依存や認知の歪みなどといった視点は、私たちの生きづらさを理解し、修正するきっかけとなります。臨床心理学の数多くの知恵は、私たちの視野を少しだけ広げて、こころのゆとりを生み出します。臨床心理学の知は力になります。

　しかし、そのように力をもつからこそ、臨床心理学の概念や視点はレッテル貼りのように軽々しく用いてはなりません。専門家であれば、なおさらです。

臨床心理学の視点 図

第1章 臨床心理学をはじめて学ぶ人が知っておきたいこと

第2章 こころの基本的な仕組み

第3章 代表的な心理療法・アプローチ

第4章 臨床心理学のアセスメントと検査方法

第5章 臨床心理学の主な支援対象

第6章 臨床心理学が活きる場

第7章 臨床心理学の専門家

第8章 カウンセリングの実際

人間関係や自分を俯瞰する視点

何が起こっている？
どうかかわればよい？

自分で自分を見る目
関係性を俯瞰する目

→生きづらさや苦悩を冷静にとらえられる

人生のさまざまな局面で、こころの多様な側面を見つめる視点

こころの
健康・成長に
必要なものは？

パーソナリティ　性格

こころの
多様なあらわれ

ライフサイクル
関係性・愛着

こころの病・症状
ネガティブにみえるものに
肯定的側面はないだろうか？

赤ちゃん返りや反抗期も
大切な成長のプロセス

気持ちの落ち込みも伴うが、
成長とともに、自分を見つめ
るまなざしが深まる

家族の看取り・対象喪失では
「悲しみ」を共有することで絆が深まる

臨床心理学の基礎理念

基本理念
成り立ち

生物・心理・社会モデルとこころの主観性

臨床心理学の基本的な考え方についてうつ病を例に考えてみましょう。うつ症状の要因には脳の神経伝達物質の低下があると考えられています。また、働いている会社の体制が大きく変わるなど、仕事上の負担や経済的不安が発症の背景にあるかもしれません。気分の落ち込みや自責の念、性格傾向などといった心理的側面のみならず、うつ病を抱えた人にかかわる際には、生物学的側面や社会的側面、言い換えれば身体的なアプローチや人間関係・社会環境をみていく視点も欠かせません。これを**生物・心理・社会（BPS）モデル**と呼びます。臨床心理学では人間を多面的にとらえ、そのうえでその人の思い、主観としてのこころに寄り添っていくのです（➡ p.112）。

こころの現象学と科学者—実践家モデル

臨床心理学が社会的な説明責任を果たし、学問としての合理性や専門性を維持していくうえで、**科学的であること**も不可欠です。臨床事例への査定と介入の評価、調査研究などのデータを蓄積して普遍的な理論を導き出そうとします。

ただし、自然科学とは異なり、臨床心理学は人間のこころや関係性・相互作用といった曖昧で複雑な現象を対象としています。また、実際に悩みを抱えた個々人の役に立つかどうかが重要です。したがって、臨床心理学に求められるのは、広い意味での科学性あるいは科学の応用的実践であり、人間のこころに生じてくる現象をあるがままにとらえる姿勢が必要とされるのです。臨床心理学の専門家は、それゆえ、こころの科学者であり、実践家であり、現象学者でなくてはなりません。臨床心理学の理論は絶対的なドグマ（教義）ではなく、実際の対人関係の場において検証されていく仮説なのです。

臨床心理学の基礎理念 図

第1章 臨床心理を はじめて学ぶ人が 知っておきたいこと

第2章 こころの 基本的な 仕組み

第3章 代表的な心理療法 アプローチ

第4章 臨床心理学の アセスメントと 検査方法

第5章 臨床心理学の 主な支援対象

第6章 臨床心理学が 活きる場

第7章 臨床心理学の 専門家

第8章 カウンセリ ングの実際

客観的な理解と主観的な共感

焦る、悲しい

主観に寄り添いつつ
多面的・客観的に理解する

Social

社会的側面
労働上の過剰な
負荷

うつ状態

生物学的側面
神経伝達物質
の問題

心理的側面
自責感
罪悪感

Biological

Psychological

臨床実践と科学的態度の両側面を大切に

カウンセリングの実践

主観に寄り添う

研究

事例や調査の理論的検討
客観的に理解する

検証

第 1 章参考文献

- サトウタツヤ『臨床心理学史』東京大学出版会、2021年
- 氏原寛・小川捷之・東山紘久・村瀬孝雄・山中康裕編『心理臨床大事典』培風館、1992年

第 2 章

こころの基本的な仕組み

01

感覚と知覚の
メカニズム

感覚とこころの関係

　人間のこころはさまざまな情報を主に感覚器官を通じてインプットして、脳神経系でそれを処理する情報処理システムにたとえられることがあります。

　いわゆる五感（視覚・聴覚・嗅覚・触覚・味覚）は**外受容感覚**とも呼ばれ、各種刺激に対応する目や耳などの感覚器官が身体の外部からの情報をとらえています。一方、「お腹が空いた」「緊張している」「疲れている」「心拍が上がっている」などといった感覚は、身体内部でとらえられる感覚であり、**内受容感覚**と呼ばれています。外受容感覚によって私たちのさまざまなこころのはたらきが生じることはいうまでもありませんが、内受容感覚もまた感情経験と非常に深く関係していることが知られています。「頭にくる」「腹が立つ」「胸が高鳴る」「断腸の思い」など、こころと身体がつながっている言葉がたくさんあることはその証拠でしょう。感覚のはたらきは、頭からのトップダウンではなく、身体からのボトムアップによって私たちのこころを動かしているともいえます。

知覚の特性

　感覚された情報は脳でさまざまに処理され、認識されます。このように感覚が認識に至るための情報処理の仕組みを知覚と呼びます。例えば、ある人が近くから遠くに移動すると、その人の姿は小さくなって見えているはずなのですが、私たちはその人の大きさが変わったようには感じません（右図参照）。形、色、明るさなどでも同様に、感覚刺激が変化しても同一の対象は同一のものとして知覚されます。こうしたはたらきを**知覚の恒常性**と呼びます。こうした知覚の特性は、私たちが環境と適切にかかわるための仕組みでありながら、同時に、錯覚が生じる原因でもあります。

第1章 臨床心理学をはじめて学ぶ人が知っておきたいこと

第2章 こころの基本的な仕組み

第3章 代表的な心理療法・アプローチ

第4章 臨床心理学のアセスメントと検査方法

第5章 臨床心理学の主な支援対象

第6章 臨床心理学が活きる場

第7章 臨床心理学の専門家

第8章 カウンセリングの実際

感覚の仕組み

刺激、情報 ➡ 感覚器官、身体内部 ➡ 脳による情報処理：意識・無意識的体験

聴衆が見ている
話し声がする
ドキドキする
お腹が痛い……

外受容感覚（五感）＋内受容感覚（内臓感覚・生理的状態）＋運動・平衡感覚など

POINT

感覚（sensation） 身体外部および内部の刺激・情報を受け取ること

知覚の仕組み

POINT

知覚（perception） 感覚器官によって受け取られた刺激・情報が、神経信号に変換され、脳で情報処理される過程で生じる心的経験の総称

知覚の恒常性	かたちの知覚	大きさや傾きが変わっても同じものは同じものとして知覚される
	色合いの知覚	明るさが変わっても同じものは同じ色合いとして知覚される
知覚の体制化	図と地の分化	まとまった部分と背景が分かれて知覚される
	群化	同じようなかたち、近くにあるものなどが、まとまって知覚される
	文脈効果	同じ刺激でも、どのように知覚されるかは文脈によって異なる

知覚の恒常性により、目に映る像が小さくても「遠くにいる人」と感じる

横並びにすると奥行きは知覚されず、「遠近」ではなく「大小」と感じる

02

認知のメカニズム

◗ 認知心理学の広がりと認知行動療法

　認知とは、感覚された情報や刺激が、知覚による情報処理を経た後で、どのように生体によって解釈され、意味づけられるのか、そのプロセスのことを示しています。感覚・知覚の仕組みが身体を通じたボトムアップの情報処理プロセスだとすれば、認知はその情報をトップダウンに処理するシステムだととらえられます。認知心理学の領域では、1960年代から注意、記憶、言語、思考、問題解決、意思決定などといった知的過程が研究されています。また、最近では感性や情動、無意識なども研究対象となっており、神経科学や情報工学の発展とともに先進的な研究分野を形成しています。臨床心理学の分野では、特に認知行動療法における「**認知の歪み**」の修正に焦点が当てられています。

◗ 非合理的な「認知の歪み」と、一般的な「認知のバイアス」

　認知行動療法では認知過程（物事の受け止め方や意味づけ）が幅広く柔軟で、合理的になることによって、不安や気分の落ち込み、自責や怒りなどといった否定的な感情を緩和することができ、心理的な障害や問題の解決につながると考えます。認知行動療法には多くの技法があります。例えば、不安が生じた具体的な出来事に基づいて、そこでどのような思考と感情が生じたかクライエントが自分で記録をつけ、カウンセラーとともに自らの認知の特徴をとらえ、「認知の歪み」を修正していく方法などがあります。

　とはいえ、私たちの認知は必ずしも常に合理的なものとは限りません。「大阪人はノリがよい」などといった**ステレオタイプ**と呼ばれる典型例に人間を当てはめる理解の仕方はよくある「**認知のバイアス**」でしょう。「認知の歪み」を修正する前に、まずは自分たちの認知の仕組みや特徴をよく知ることが大切だといえます。

第
1
章
臨床心理学を
はじめて学ぶ人が
知っておきたいこと

第
2
章
こころの
基本的な
仕組み

第
3
章
代表的な心理療法・
アプローチ

第
4
章
臨床心理学の
アセスメントと
検査方法

第
5
章
臨床心理学の
主な支援対象

第
6
章
臨床心理学が
活きる場

第
7
章
臨床心理学の
専門家

第
8
章
カウンセリ
ングの実際

認知のメカニズム 図

感覚・知覚＋認知＝心的体験

| 刺激、情報 | ➡ | 感覚・知覚 | ➡ | 心的体験 | ⬅ | 認知のプロセス |

会議でプレゼン

注目されている
心拍数が上がっ
ている

「みんなで企画を
成功させよう！」

「不安、緊張。失敗
するに決まって
いる…」

みんなが協力
してくれる。
失敗しても大
丈夫！

私はいつもうま
くできない…

代表的な「認知の歪み」

白黒思考	物事をみるときに「白か黒か」という極端な思考をしてしまうこと 例：完璧にできなければ、失敗だ
べき思考	「〜すべき」「〜でなくてはならない」と常に自分や人を追い詰める思考 例：職場では常に全力で働かなくてはならない
マイナス思考	よい出来事を無視して、すべてを悪い方向にすり替えて考えること 例：人生は暗いものだ、自分はダメだ
論理の飛躍	根拠のない、事実に基づかない悲観的な結論を導き出すこと 例：相手はきっと悪く思っている。試験はきっとうまくいかない
過度な一般化 ／レッテル貼り	一つの出来事から、すべて同じ結果になると結論する／レッテルを貼る 例：振られたから、自分には一生恋人ができない／自分は落伍者だ
心のフィルター （心のサングラス）	一つのよくないことにこだわり、ほかのことはすべて無視してしまうこと 例：挨拶してもらえなかったから、あの人から嫌われている
過大・過小評価	自分の短所や失敗を過大に考え、長所や成功したことは過小評価する 例：うまくいったようでも、大したことはない。失敗が重大だ
自己責任化	悪いことが起こると、過剰に自分のせいだと思うこと 例：友人が落ち込んでいるのは自分のせいだ
感情に基づく判断	そのときの自分の感情に基づいて、現実を判断すること 例：不安だからうまくいかない／緊張するから嫌われている

03
感情のメカニズム

基本感情と多層的な感情

人間のもつ基本的感情は、幸福 happiness、嫌悪 disgust、驚き surprise、悲しみ sadness、怒り anger、恐れ fear の六種類とされています。この基本的感情は、国や文化の差を越えて、人間共通に体験されるものと考えられています。一時的で強い感情を「情動」、継続的で弱い感情を「気分」などと呼んで区別する場合もあります。私たちのパーソナリティは、どのような情動・気分が恒常的に生じやすいか、という観点からもとらえることができます。

また、各種の感情は完全に分離・独立したものではなく、グラデーションをなしていたり、入り混じったりするものと考えられます。プルチック（Plutchik,R.）による情動の立体モデルが有名ですが、例えば「後悔」は悲しみと嫌悪が入り混じったところに生じるものととらえられます。さらに肯定的・否定的な両面が入り混じった複雑な感情としては、「懐かしさ」などが挙げられるでしょう。

感情が生まれる仕組み：人間の内界と外界の相互作用

感情が生じる仕組みとして「キャノン＝バード説（中枢起源説）」と「ジェームズ＝ランゲ説（末梢起源説）」が知られています。心拍数の増加をどう解釈するかによって感情体験が変化する「吊り橋効果」は有名ですが、感情とは一般的に生理的・身体的反応および認知過程という二つの要因から生じると現在では考えられています。そのため、うつ病の人にさまざまな身体症状が伴うように、気分や感情の問題に対しては認知やこころのみならず、身体的な側面にも目を向けることが大切です。

情動の立体モデル

基本感情が円状に配置され、横にいくと混ざり
合い、下にいくと弱まる。これによりさまざまな
情動を説明している

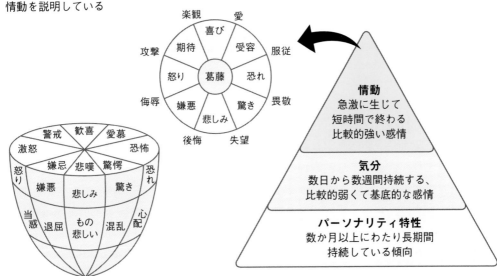

感覚・知覚・認知と感情の仕組み

①感情の二要因説

生理的・身体的反応　＋　認知過程　＝　感情

認知の過程
恋かも　　　怖いかも

生理的・
身体的
反応

ドキドキ
（心拍数が
上がる）

②身体感覚と認知からなる感情生成のメカニズム

外界からの情報と
その認知的な解釈

落ち込む

生理的・身体的反応と
その感覚的な受容

自分は仕事が
できていない

身体が重い、
だるい

第1章　臨床心理学をはじめて学ぶ人が知っておきたいこと

第2章　こころの基本的な仕組み

第3章　代表的な心理療法・アプローチ

第4章　臨床心理学のアセスメントと検査方法

第5章　臨床心理学の主な支援対象

第6章　臨床心理学が活きる場

第7章　臨床心理学の専門家

第8章　カウンセリングの実際

04
動機づけ

外発的動機づけの仕組み

　動機づけ、つまりモチベーションが上がる仕組みとして、**外発的動機づけ**が知られています。つまり、さまざまな刺激がご褒美となりそれを得たいために行動が増加するという仕組みです。ある行動に快刺激（好子、あるいは正の強化子）が伴うこと（随伴性）によって、その行動が増加することを**正の強化**と呼びます。ただし、このような仕組みでやる気が起きているときは、行動を起こしてもその結果としての快刺激が得られなくなると、その行動は自然に減少してしまいます（これを**消去**と呼びます）。逆に、嫌なことやペナルティをくらわないようにするためにある行動が増加することもあり、それを**負の強化**と呼びます。

　ある行動に対してご褒美が毎回得られるよりも、時折あるいは一定時間経過した後で与えられるほうが消去は起こりにくくなります。ギャンブルにのめり込みやすく、止めにくいのはこの仕組みによるものです。特定の問題行動が生じる強化の仕組みを前後関係の文脈から分析し、変化させようとする取り組みは**応用行動分析**と呼ばれています。

内発的動機づけと動機づけの低減

　外からの報酬を伴わず、「それ自体が楽しい」「やりがいがある」などといった内面から湧き上がるモチベーションを**内発的動機づけ**と呼びます。内発的に動機づけられた行動に対して報酬が与えられるとかえってモチベーションが低減してしまう現象が知られています（**アンダーマイニング効果**）。また、どれだけ努力しても結果が伴わないとき、努力しても無駄だと感じて行動を起こさなくなります（**学習性無力感**）。動機づけにおいて、行動に適切な報酬やノルマ、結果が伴うということが重要です。

行動の強化と弱化の仕組み

	行動増加（強化）	行動減少（弱化）
刺激呈示（正）	**うれしくて、またやろう（正の強化）** 先生が褒めてくれるので勉強を頑張る シールをもらえるから、早起きしてラジオ体操に行く	**ペナルティをくらうから、もうしない（正の弱化）** 歯医者に行ったら痛かったので、もう行かない いたずらを正直に報告したら怒られたので、それから言わないようにする
刺激除去（負）	**ペナルティをくらわないように、やろう（負の強化）** 叱られないように、勉強する 痛みが引くように、薬を飲む	**おあずけをくらうから、もうしない（負の弱化）** いたずらっ子のおやつを抜きにして、いたずらしないようにさせる ラフプレーをした選手の報酬を下げて、ラフプレーをしないようにさせる

内発的動機づけの背景要因

好奇心	興味・関心をもっていること
自律性・自己決定	自分自身によってその行動を起こしていること
熟達・達成	上達した感覚や達成した感覚を味わえること
挑戦・努力	安易なものではなく、やりがいがあること
有能さの知覚	それをやることによって自己の有能さを味わえること
自己目的性	何かの手段としてやっているのではなく、それ自体が目的であること
自我忘却・喪失	注意集中することによって、一時的な自我の忘却・喪失が起こること

アンダーマイニング効果

内発的に動機づけられた行動に対して報酬が与えられるとかえってモチベーションが低減してしまう

儲からなきゃやってられないよ…

むやみに報酬が絡むと

絵が好き！

好奇心が伸びると

もっともっと上手になりたい！

第1章 臨床心理学をはじめて学ぶ人が知っておきたいこと

第2章 こころの基本的な仕組み

第3章 代表的な心理療法・アプローチ

第4章 臨床心理学のアセスメントと検査方法

第5章 臨床心理学の主な支援対象

第6章 臨床心理学が活きる場

第7章 臨床心理学の専門家

第8章 カウンセリングの実際

05

記憶のメカニズム

記憶の段階と分類

記憶とは、物事や出来事を「覚える」「覚えておく」「思い出す」ための仕組みです。私たちは感覚器官で情報をとらえ（**感覚記憶**）、それを一旦覚えておいて何らかの作業を行い（**短期記憶・作動記憶**（working memory））、それを繰り返すなどすると、その情報は深く記憶に留まり、長期間蓄えられるものとなります（**長期記憶**）。

長期記憶が人間のこころにとって極めて重要であることはいうまでもありません。長期記憶のうち、身体で覚えている技能や無意識的反応のような記憶を**手続き記憶**（泳ぎ方、楽器演奏など）、言葉で説明できるような記憶を**宣言的記憶**と呼びます。また、宣言的記憶は、知識に関する**意味記憶**と出来事に関する**エピソード記憶**に分けられます。

自伝的記憶と虚偽記憶

エピソード記憶のなかでも、引っ越しや結婚等、自分の人生にまつわる重要な出来事の記憶を**自伝的記憶**と呼びます。自伝的記憶はその人のアイデンティティを構成するものといえるでしょう。例えば、記憶障害を抱えた認知症の高齢者であっても、青年期の大切な思い出は鮮明に残り、想起しやすいことが知られています（➡ p.96）。

また、事実ではないことがあたかも事実であったかのように記憶されていることを**虚偽記憶**と呼びます。心理学実験によって、自伝的記憶の一部が虚偽記憶によって再構成されることがわかっています。つまり、自伝的記憶は絶対不変なものではなく、よくも悪くも、時として変化するのです。私たちの過去の記憶や他者のイメージは、現在のこころのあり方と相互に影響し合っています。そのため、現在のこころが変化すれば、過去の思い出に関するイメージも変わってくるのです。

記憶の段階

（記銘）		（保持）		（想起）
符号化	→	貯蔵	→	検索
記憶に入れ込む		記憶に保持する		記憶から取り出す

記憶の分類

感覚記憶
1秒程度

短期記憶（作動記憶）
数十秒、容量は
7±2チャンク*

ミラー（Miller,G.A.）は、人間が短期記憶に保持できる情報は7±2個であると主張した
＊チャンクは塊の意味

長期記憶
（半永久的）

非宣言的記憶	手続き記憶	技能や意識に上らない記憶など
宣言的記憶	意味記憶	言葉や概念、知識など
	エピソード記憶	出来事に関する記憶 自伝的記憶

手続き記憶
泳げること

意味記憶
水泳競技に
関する知識

エピソード記憶
昔、海水浴に
行ったこと

「あのとき、溺れたことがありますね?」
と言われると、本当は溺れた経験がないにもかかわらず、
実際に溺れたことがあるかのような**虚偽記憶**が生じることも

第1章 臨床心理学をはじめて学ぶ人が知っておきたいこと

第2章 こころの基本的な仕組み

第3章 代表的な心理療法・アプローチ

第4章 臨床心理学のアセスメントと検査方法

第5章 臨床心理学の主な支援対象

第6章 臨床心理学が活きる場

第7章 臨床心理学の専門家

第8章 カウンセリングの実際

06

知能のメカニズム

スピアマンと知能因子説

「一科目で優秀な生徒は、ほかの教科の成績も優秀な傾向にある」と考えたスピアマン（Spearman,C.E.）は、多様な検査や相関分析から、人の知能は特定の知的領域に作用する**特殊因子**とすべての知的活動に共通する**一般因子**により成り立つと考えました。

キャッテルによる流動性知能と結晶性知能

人格の因子研究を進めたキャッテル（Cattell,R.B.）は、知能について**流動性知能**と**結晶性知能**の二つに大きく分類できると主張しました。流動性知能とは、計算や暗記など青年期にピークを迎える知能です。一方、結晶性知能とは、理解力や判断力、自制力など、青年期以後にも経験を重ねることで発達していく知能です。

ギルフォードの知能構造論

ギルフォード（Guilford,J.P.）は、知能の多因子説を体系化した**知能構造論**を構築しました。すなわち、知能の対象となる内容（content）、知的な操作のはたらき（operation）、その内容について操作した結果（product）という三つの次元から知能の構造をモデル化しました。臨床場面で用いられる知能検査も、知能の多因子モデルが活かされています。つまり、人の知的な能力とは、単に学業成績だけではなく、言語、表現、記憶、学習、思考・判断、適応力や問題解決力、創造性など多岐にわたるものです。また、音楽や身体・運動、空間把握や対人関係の知能なども理論化されています。さらに知能検査場面にラポール（信頼関係）が求められるように、人がもっている知的能力や創造性が十分に発揮される背景として関係性やプロセスの要因も見逃せません。

第1章 臨床心理学をはじめて学ぶ人が知っておきたいこと

第2章 こころの基本的な仕組み

第3章 代表的な心理療法・アプローチ

第4章 臨床心理学のアセスメントと検査方法

第5章 臨床心理学の主な支援対象

第6章 臨床心理学が活きる場

第7章 臨床心理学の専門家

第8章 カウンセリングの実際

知能のメカニズム 図

流動性知能と結晶性知能

流動性知能	記憶、計算、推理、処理速度など 青年期にピークがある 新しい環境への適応に関係する
結晶性知能	知識・理解、内省・自制、洞察・判断、批判・社会的対処など 青年期以降も発達する 経験に基づく能力で、文化や教育の影響を受ける

ギルフォードの知能構造論と創造的思考

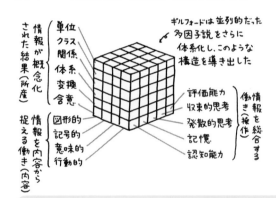

ギルフォードは並列的だった多因子説をさらに体系化し、このような構造を導き出した

情報が概念化された結果（所産）
単位／クラス／関係／体系／変換／含意

情報を内容から捉える働き（内容）
図形的／記号的／意味的／行動的

情報を総合する働き（操作）
評価能力／収束的思考／発散的思考／記憶／認知能力

小さなキューブの一つひとつが知能因子

どんな情報をとらえるか（内容）
その情報をどのように扱うか（操作）
どのように情報処理されたか（所産）

という三つの側面から人間の知的能力をとらえている

高い創造性に必要な知的特性

批判的思考、ある考えに含まれる誤りや欠陥に気づく

思考が流暢で、次々にアイデアを出す

思考が柔軟で、確立された方法や既存の考え方にとらわれない

思考が独創的で、型にはまらないアイデアを出す

思考が緻密で、細部を注意深く詰めていく

問題を再定義し、別の角度からとらえ直す

07

パーソナリティ

パーソナリティとその変化をとらえる観点

　パーソナリティ（人格、性格）を理解することは、その人の人となりを知ることです。とはいえ、場面によって人となりは多少なりとも変化します。対人援助においては、変化の可能性を視野に入れ、比較的恒常的なその人らしさをとらえていきます。

　パーソナリティをとらえる観点として、類型論と特性論があります。類型論とは、パーソナリティをいくつかのタイプに分類して理解するとらえ方です。クレッチマー（Kretschmer,E.）による**同調気質・内閉気質・粘着気質の分類**や、ユング（Jung,C.G.）による**内向型・外向型の理論**などがあります。類型論はその人の全体像をわかりやすくとらえるものですが、きめ細やかな理解がしづらく、中間型や矛盾した要素がとらえづらいという欠点もあります。また、ときとして差別や偏見にもつながりかねません。

　他方、特性論はパーソナリティを部分的な構成要素に分けてとらえる観点です。全体像や本質をつかむのはやや難しくなりますが、詳細な理解や比較検討がしやすく、現場で用いられている心理検査・性格検査の多くは特性論に基づいてつくられたものです。

ビッグファイブ理論

　特性論の研究から、現在最も注目されている理論が**ビッグファイブ**と呼ばれるパーソナリティの5因子モデルです。五つの因子はそれぞれ対としてとらえることができます。例えば外向性が低い人は、内向性が高いとも考えられますし、そのどちらも高いないし低い人もいるでしょう。それぞれの個性を深く理解することが大切であり、何かの要素が高いからよいとか、低いから悪いなどという評価的な見方をしないことが重要です。

類型と特性の階層構造

クレッチマーの類型論

	類型	同調気質 (循環気質)	内閉気質 (分裂気質)	粘着気質 (てんかん気質)
ある人のパーソナリティを類型のレベルでとらえる				
特性のレベルでとらえる	特性	社交的、親切、善良、温かみ	非社交的、内気、生真面目、変わり者	熱中・没頭、凝り性、几帳面、秩序を好む
クレッチマーは数千人のデータをもとに、その人の体型と性格の関連性について明らかにした	体型	肥満型 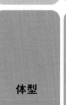	痩せた細長型 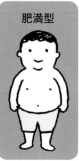	筋肉質闘士型 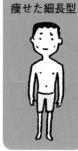

ビッグファイブ理論

5因子とは、研究者によって名称にやや違いがありますが、**開放性**（O：Openness）・**勤勉性**（C：Conscientiousness）・**外向性**（E：Extraversion）・**協調性**（A：Agreeableness）・**神経症傾向**（N：Neuroticism）のことで、その頭文字を取って **OCEAN** モデルとも呼ばれます。

過度になると	一般的特徴	因子	一般的特徴	過度になると
無謀 自己を見失う 完璧主義、強迫的 情緒不安定 社会からの逸脱	積極的 共感的 目標への強い意志 敏感、繊細 遊び心	開放性－現実性 勤勉性－自然性 外向性－内向性 協調性－分離性 *情動性－非情動性	控えめ 自主独立 ありのまま 情緒の安定 堅実	臆病 冷淡・自閉的 無為怠惰 感情や危険に鈍感 権威主義

＊情動性は神経症傾向のことを指す

第1章 臨床心理学を はじめて学ぶ人が 知っておきたいこと

第2章 こころの 基本的な 仕組み

第3章 代表的な心理療法・ アプローチ

第4章 臨床心理学の アセスメントと 検査方法

第5章 臨床心理学の 主な支援対象

第6章 臨床心理学が 活きる場

第7章 臨床心理学の 専門家

第8章 カウンセリングの実際

08
関係性

対人援助の基盤としての信頼関係の構築

　臨床心理学の実践、あるいは対人援助の仕事を進めていくうえで、クライエントとの**信頼関係の構築**が不可欠です。しかし、カウンセリングや心理支援を必要とする人は、さまざまな心理的問題や症状を抱えていたり、傷つきや失敗を経験していたりするため、専門家に対してさえも安心感や信頼感をもつことが難しい場合や、こころを開くことに恐怖心や抵抗感をもっているケースも少なくありません。それに対して専門家は、こうした相手の不安なこころの状態をよく理解し、それをその人が受け止めやすい言葉によって伝え返すことで、少しずつ信頼関係を深めていくことが求められます。

転移と逆転移

　クライエントが過去の重要な他者との間で体験した心理的葛藤を、現在のカウンセラーとの間で無意識的に再現することを「転移」と呼びます。例えば、父親に対する怒りが、あるいは母親に対する甘えが、あたかも親代わりのようにカウンセラーに対して体験されるのです。転移は、クライエントにとっての典型的な対人関係のパターンや行動傾向であるため、しばしば問題の背景になっている要因でもあり、それについて詳細に検討していくことが問題解決の糸口になり得ます。

　一方、クライエントの転移に対してカウンセラーが感情的になってしまったり、あるいは専門家としての中立性を越えた反応が生じたりすることを「逆転移」と呼びます。例えば、こころの動きがほとんどみられないクライエントを前にして、カウンセラーが強い怒りを覚えたとします。そんなとき、クライエントの怒りをカウンセラーが無意識に感じ取っている可能性があります。逆転移もまた問題解決の糸口なのです。

第1章 臨床心理学をはじめて学ぶ人が知っておきたいこと

第2章 こころの基本的な仕組み

第3章 代表的な心理療法・アプローチ

第4章 臨床心理学のアセスメントと検査方法

第5章 臨床心理学の主な支援対象

第6章 臨床心理学が活きる場

第7章 臨床心理学の専門家

第8章 カウンセリングの実際

臨床心理学と関係性 図

転移／逆転移とは

クライエント

カウンセラー

幼い頃、母親に甘えられず、本当は甘えたかった思いが**転移**して、甘えるような言動をとる

クライエントの甘えるような言動を受けて、**逆転移**し、世話を焼きたくなる

解決の糸口

愛着の課題？
上手に甘えられるようになることがテーマかも？

関係性の様相をとらえる臨床心理学の諸視点

コンテイナー／コンテインド	母子関係のように、不安や苦痛を包み支えるものと、不安や苦痛を表現して包まれ支えられるものとの関係性
アタッチメントの型と内的作業モデル	乳幼児の愛着には、安定型、回避型、両価型などのパターンがある。これは大人になってからの対人関係の原型でもある
甘え	乳幼児から成人まで、親しい二者関係において発動する感情体験。日本の精神性や文化の深層を理解する鍵として土居健郎が提唱
共依存	二者のうち、一方は問題を抱えてケアされることで、他方はその人をケアすることによって、互いが互いを支配し続けるような関係
自由にして保護された空間	箱庭や芸術療法においては、心理的な安心・安全感が保障されることによって、こころの深みを自由に表現することが可能になる
関与しながらの観察	心理療法において、カウンセラーはクライエントとの二者関係における感情体験に深く関与しつつ、それを俯瞰的に観察する目をもつ
深いけれど親しくない関係	心理療法における関係性は、友人や家族のように親しくはないが、だからこそ誰にも言えない話や非日常的な深い表現が生じる
対称性／非対称性	クライエントとカウンセラーは、対等で相互的な関係性をもち、また専門家と非専門家として、他者としての違いをもつ
フラクタル・パラレル・入れ子の構造	心理臨床場面で生じる体験は、クライエントの抱える問題の縮図であり、それは同型的に現実や社会的場面でも生じている

09

愛着とライフサイクル

愛着理論と内的作業モデル

ボウルビィ（Bowlby,J.）は、発達早期に母親からの分離を余儀なくされた子どもたちが示した情緒面や対人関係上の不適応状態を母性剥奪（マターナル・デプリベーション）と呼びました。そして、母親との相互関係を通じて乳幼児に形成される情緒的結びつき、すなわち愛着が心身の健全な発達において極めて重要であることを見出したのです。さらにボウルビィは、乳幼児のこころのなかに内在化された母子関係のイメージは、成長して大人になった後にも対人関係パターンのひな型になっていくことを指摘し、それを内的作業モデルと名づけました。人生の始まりにある母親的養育者との関係性は、子どもの心身の発達と対人関係における基点なのです。

ライフサイクル理論：パーソナリティと関係性の始まりと変化

エリクソン（Erikson,E.H.）は、人間の生涯にわたる心理 - 社会的発達のプロセスをライフサイクル理論としてまとめました。そのプロセスは八つの発達段階に分けられており、各段階に重要な発達課題と特徴的な心理的危機があります。例えば、乳児期には、誰かに頼らなくては生きていけない存在として生まれてきた人間が、この世界・他者・自己に対して信頼感を抱けるかどうかが重要な課題となります。

このようにライフサイクル理論とは、こころの揺らぎ（心理的危機）が各発達段階における対人関係を通じて高次の安定へとつながっていくというモデルです。私たちのパーソナリティは、母子関係に始まり、親子、家族、友人関係など、人生の諸相における重要な他者との関係性を通じて成長・変化していきます。いわば心理療法と同じく、悩みと関係性こそが、私たちの成長の扉を開く鍵になると考えられているのです。

エリクソンのライフサイクルと発達段階

およその年齢	発達段階 一般的な特徴	ライフサイクル		
		発達課題（葛藤）／重要な関係の範囲		内容
0 1	**乳児期** 授乳、スキンシップ 人見知り 離乳	基本的信頼感　VS　不信 母親との関係		乳児は自分の欲求が外界から、特に母親によって適度に満たされることによって基本的な信頼感を獲得する
2 3	**幼児期前半** 初歩／初語 トイレット・トレーニング 第一次反抗期	自律性　VS　恥と疑惑 両親との関係		子どもは自分の意思を示すこと、選択すること、心身の自己制御について身につけていく
4 5	**幼児期後半（遊戯期）** 幼稚園、保育園 男女の区別と性同一性の意識 「心の理論」の獲得	積極性　VS　罪悪感 家族、きょうだいとの関係		子どもは目的や方向性をもった行動を自分で開始し、それをやり遂げることを学んでいく
6 12	**児童期（学童期）** 就学と知的拡大 友人関係の変化 ギャング・エイジ	勤勉性（生産性）　VS　劣等感 近隣、学校との関係		子どもは好奇心を発達させ、知識や技能を身につけ、自分ができることに熱心になる
13 18	**思春期・青年期** 第二次性徴、自己意識の拡大 第二次反抗期、心理的離乳 チャムシップ	同一性 identity　VS　同一性拡散 仲間との関係		青年は自分のなかに独自で統一のとれた人間の姿を求めるようになる
20	**青年期後期・前成人期**	親密性　VS　孤立 パートナーとの関係		自分以外の他者を大切にできるようになる
30	**成人期**	世代性（生殖性）generativity　VS　停滞 家庭、労働、次世代との関係		子どもや次の世代のためになることを大切にするようになる
65	**老年期**	統合　VS　絶望 人類、種族		自分の人生の意味を感じ、死を迎える準備を整える

他者との関係性を通じて成長・変化するパーソナリティ

母子

両親と幼児

幼児 きょうだい　小学生 友人

青年 仲間

パートナー

親子

老人と家族

第1章 臨床心理学をはじめて学ぶ人が知っておきたいこと

第2章 こころの基本的な仕組み

第3章 代表的な心理療法・アプローチ

第4章 臨床心理学のアセスメントと検査方法

第5章 臨床心理学の主な支援対象

第6章 臨床心理学が活きる場

第7章 臨床心理学の専門家

第8章 カウンセリングの実際

第2章参考文献

- 無藤隆・森敏昭・池上知子・福丸由佳編『よくわかる心理学』ミネルヴァ書房、2009年
- 無藤隆・森敏昭・遠藤由美・玉瀬耕治『心理学』有斐閣、2018年
- 前田重治『図説　臨床精神分析学』誠信書房、1985年

代表的な心理療法・アプローチ

01
行動療法①
系統的脱感作法

■ 行動療法とは

　行動療法では、心理的問題を抽象的な概念ではなく、具体的な刺激と反応、およびその結果からとらえていきます。すなわち、どんなことがあると、どのように感じてどうするのか、そうするとどうなるのか等々、詳しく聴取します。場合によっては、クライエント自身に刺激・反応・結果に関する記録をつけてもらうこともあります。

　行動療法の主要な治療技法の一つが、ウォルピ（Wolpe,J.）の創始した**系統的脱感作法**です。心理的症状としてしばしばみられる不安や恐怖がその治療対象となります。

■ 不安階層表と脱感作の手続き

　まず、クライエントとともに、不安反応の強さによって段階づけられた不安刺激場面をリスト化し、不安階層表を作成します。例えば、人前で話すことが不安、人込みが苦手、会議のある日は怖くて身体が動かない、などといった不安や恐怖に関するクライエントの語りをもとに、何に対してどのような反応になっているのかを整理していきます。さらに**自覚的障害単位（SUD）**をもとにして、まったく平静であると自覚している状態を0点、パニックと自覚されている状態を100点と仮に決めて、不安の度合いが弱いものから強いものへと、5~10点刻みで順に並べていき、不安階層表を作成します。

　続いて脱感作の手続きです。**筋弛緩法**や**自律訓練法**などでクライエントに十分リラックスしてもらい、不安刺激場面を弱いものから段階的にイメージしてもらいます（**不安の逆制止**）。これを繰り返して、一つの刺激場面について不安を感じなくなったら、次の刺激場面に移っていきます。この技法における状況と反応の丁寧な聴取、カウンセラーとクライエントが協働した治療プロセスは、幅広い心理支援のヒントになります。

不安階層表の一例

SUD	場面
10	家族と話をする
15	仲の良い友人と二人で立ち話をする
20	仲の良い友人を含めた数人で話をする
30	学校で、あまり話したことがない友人にあいさつをする
40	あまり話したことがない友人に自己紹介する
60	少人数のグループで自分の意見を述べる
80	少人数のグループで他者と違う意見を述べる
90	授業で自分から手を挙げて、発言する
100	学年全員の前で、スピーチをする

不安階層表は治療の手段であるのみならず、これを協働して作成するプロセスによってクライエントの自己理解が促進されるとともに、信頼関係の構築や見立てにも役立つ！

リラクゼーション法

漸進性筋弛緩法
（ぜんしん せいきん し かんほう）

ストレス状態のときは、無意識のうちに筋肉が緊張状態になっている。漸進性筋弛緩法は、意識的に筋肉に力を入れて、その後ゆるめることを繰り返すことで、リラックスしていく方法

＜ やり方 ＞

身体の各部分に思いきり力を入れて緊張させる。しばらくその感覚を保った後、ストンと力を抜く

両手

両手をギューッと握って…
（5秒）
→ ゆっくり広げる（10秒）

両肩

両肩をグッと上げ、
耳まで近づけて
緊張させて…（5秒）
→ ストンと力を抜く
（10秒）

顔

目と口をギューッとつぶって
奥歯を噛みしめて…（5秒）
→ ポカンと口をあける
（10秒）

出典：大阪府こころの健康総合センター
作成リーフレットを一部改変

02

行動療法②
暴露療法(エクスポージャー)

■ 不安や恐怖症、トラウマへの治療技法として

　行動療法の一つで、不安障害、恐怖症、心的外傷後ストレス障害等への治療方法として主に用いられています。「**暴露**」療法（エクスポージャー）と名づけられているように、不安や恐怖の原因になる物事に段階的にふれることで、その症状を消していく方法です。 症状が消えない、またはより強くなっていく要因は不安などの症状やそれを引き起こす物事を回避しているからだと考えられています。そのため、回避することを避けてその不安に暴露させることで回避をストップさせるということです。不安等の症状に段階をつけて、程度の低いものから取り組んでいきます。また取り組む前提として、安心・安全な環境を確保することも重要で家族や友人のサポートも力になります。

■ 持続エクスポージャー法(PE)とカウンセラーの役割

　トラウマへの治療として**持続エクスポージャー法**（PE：Prolonged Exposure Therapy）が用いられます。その具体的プロセスとして、まず治療の概要、トラウマ体験後に起こりやすい反応等に関する心理教育をします。そしてリラクゼーション技法としての**呼整法**（呼吸再調整法）をマスターしてもらいます。そのうえで、トラウマによる苦痛や不安のために避けている物事に実際にふれて直面化する**現実エクスポージャー**と、想像のなかでトラウマ記憶の状況を思い出しながら話してもらう**想像エクスポージャー**を行います。現実エクスポージャーは宿題として日常生活のなかで自身で行い、セッションでは想像エクスポージャーを行い、それぞれの内容を振り返りながら進めます。認知行動療法やPEは直面化を行う苦痛に伴って中断に至る場合があります。ゆえに不安や恐怖の状態を共有し支えるというカウンセラーの役割が極めて重要になります。

第1章 臨床心理学をはじめて学ぶ人が知っておきたいこと

第2章 こころの基本的な仕組み

第3章 代表的な心理療法・アプローチ

第4章 臨床心理学のアセスメントと検査方法

第5章 臨床心理学の主な支援対象

第6章 臨床心理学が活きる場

第7章 臨床心理学の専門家

第8章 カウンセリングの実際

トラウマへのPEの具体的プロセス 図

【セッション2】
・現実エクスポージャーの説明
・トラウマに関する階層表の作成
・トラウマの後にみられる反応・症状の説明

【セッション1】
・PEの概要についての心理教育
・どのようなトラウマ体験だったか、その後の反応等を伺う
・呼整法の練習
・呼整法を宿題にする

【セッション3】
・想像エクスポージャーの説明
・想像エクスポージャーの実施

【セッション中盤】
・宿題として現実エクスポージャーを実施
・セッション内で想像エクスポージャーを実施
・これらをセッション内で振り返る
・これらを繰り返し、取り組む

【最終セッション】
・とらえ直し、再構成されたトラウマ体験を一通り話してもらう。トラウマ体験に新たな意味づけを与えるために行う
・PEを通して何を得てどのような改善を見せたか話し合う
・まだ取り組む必要な側面が残っている場合はどう取り組むか計画を立てる
・症状が悪化した場合の対処方法を話し合う

【セッション終盤】
・ホットスポットの実施
・ホットスポット：トラウマ体験のなかでも最も苦痛が強い部分を細かいところまで詳しく、そして中断せずに何度も繰り返して話してもらうやり方。効率的に情動にふれていくことができるとされている

03

行動療法③
応用行動分析

応用行動分析学──個人と環境の相互作用の結果としての行動

　応用行動分析学とは、行動分析心理学の理論や実験から得られた知見を、対人援助等に活用していく学問を指します。行動を**個人と環境との相互作用の結果**としてとらえるため、支援の方針としては、「個人の変容」のみを求めるのではなく、かかわり方の変更を中心とした「モノやヒトといった**環境の変容**」を重視することになります。近年では、発達障害のある子どもの問題行動などを対象とした実践が広がっています。

ABC分析と機能的行動アセスメントに基づいた支援

　ABC 分析では、行動前の状況・きっかけ（A）、行動（B）、結果（C）に着目します。時間経過としては、A → B → C の順になりますが、ポイントは、行動の結果として生じる C によって、B が起こりやすくなるという点です。この ABC 分析の枠組みから、問題行動を理解し支援することを、**機能的行動アセスメント**に基づいた支援といいます。

　具体的には、ABC の関係について推測するために、①直接観察を含んだ情報収集を行う・問題行動に名前をつける、②問題行動の機能についての仮説を立てる、③支援方針を立て、実行する、④支援の効果の評価を行い、支援方法を修正する、という手順を踏みます。問題行動をアセスメントする際には、**「行動の形態」**（具体的な行動）と**「行動の機能」**の二つの視点からとらえていきます。主に「行動の機能」には、「もの・活動の要求」「注目の要求」「逃避・回避」「感覚（自己刺激）」の四つの機能があります。例えば、奇声を上げるという同じ形態の行動が生じるとしても、「おもちゃを手にできる」「料理中の母親の関心を得られる」「難しい算数のプリントをしなくて済む」「することがない暇な状況から、感覚刺激が得られる」など、その行動の機能はさまざまです。

ABC分析を用いて問題行動を理解するステップ 図

第1章 臨床心理学を はじめて学ぶ人が 知っておきたいこと

第2章 こころの 基本的な 仕組み

第3章 代表的な心理療法・アプローチ

第4章 臨床心理学の アセスメントと 検査方法

第5章 臨床心理学の 主な支援対象

第6章 臨床心理学が 活きる場

第7章 臨床心理学の 専門家

第8章 カウンセリングの実際

Step1　問題行動を一つ（または、二〜三個）に絞る

・選んだ問題行動を、場面や状況に合わせて具体的に記述する
・問題行動に具体的な名前をつけることで、関係者が共通の対応をすることが可能になる
　　例）小学2年生T君：授業中に教室から飛び出す

Step2　問題行動について、ABCの枠組みに基づいた観察・記録を行う

・スキャッタープロット：問題行動を観察・記録し、どのような時間帯・状況等で起きることが多いか把握する
・行動観察記録表：問題行動をエピソード的に把握する
・担任教師や保護者へのインタビュー、質問紙によって、間接的に情報を収集する
　　例）特に図工と音楽の時間はなかなか課題に取り組むことができず、授業の最初から教室（図工室、音楽室）に
　　　　入りたくない様子がみられる

Step3　問題行動が生じる文脈を整理する

・Aの整理：問題行動前の「大きな状況」と「直前のきっかけ」の二つの視点がある。「大きな状況」とは、
　　　　　　場面や活動、時間帯、出来事など。「直前のきっかけ」とは、問題となる行動のきっかけになっ
　　　　　　ていると想定される小さな刺激
・Cの整理：どのような対応をしたか、どのような環境的な変化が生じているか、どのような結果か（行動の
　　　　　　機能）という視点でみていく
　　例）A：図工・音楽の授業、図工室・音楽室への移動
　　　　C：担任が後追いすることはなく、フリーの教員が別室でT君とともに過ごす

Step4　本人の気持ちを推測する

　　例）図工・音楽への苦手意識、1対1対応を求める気持ち

Step5　状況・きっかけ（A）と結果（C）が 行動（B）にどのように関係するのかを整理する

　　例）A：図工や音楽の授業→B：教室から飛び出す行動→C：嫌な授業を受けず、1対1で対応してもらえる

Step6　問題行動の機能についての仮説を立てる

　　例）嫌なことを回避し（「逃避・回避」）、注目や関心を得られる（「注目の要求」）

Step7　問題行動を解決するための支援方針を立てる

・可能な限り、本人の嫌がる方法を使用しないようにする
・「環境設定」を操作・工夫していく（支援的文脈）
・望ましい行動やスキルの獲得を目指していく（指導的文脈）
・行動の機能に対応したアプローチをとるようにする
　　例）図工や音楽の授業の「嫌さ加減」を減らし、「楽しさ・面白さ」を増やして、授業に参加して課題に取り組む
　　　　ことを高めていくアプローチをとる
　　　　上記の方針のもとでも、なかなか参加できないときには、「この課題だけは取り組みましょう」といった課
　　　　題目標をスモールステップで設定し、課題ができたら十分に褒め、本人のやる気を高める
　　　　どうしても教室を出たい場合には、「先生に断ってから、職員室に行く」といった表現手段を教える

04
認知行動療法①
心理教育とセルフモニタリング

予防・啓発としての心理教育

　心理教育とは、心理に関する適切な知識や情報・技能などを、心理的問題を抱える当事者や家族、あるいはコミュニティや一般の人々に伝達・共有することを意味しています。例えば、医療現場では精神疾患や慢性疾患に関する正しい知識や対応、教育領域ではいじめや不登校、発達障害、産業領域ではメンタルヘルスやハラスメント等々がテーマとして予防と啓発の目的で取り上げられます。その他、ストレス対処や情動のコントロール、社会生活スキルや対人関係スキル、**アサーション・トレーニング**なども大変重要なテーマです。こうした心理教育は、心理的問題の予防につながるだけでなく、社会的なスティグマ（差別的レッテルのこと）や偏見をなくしたり、当事者や家族の不適切な自責感や孤立感を防止したりするためにも役立ちます。

心理療法のプロセスとしての心理教育とセルフモニタリング

　認知行動療法の第一歩としても心理教育は重要です。クライエントは、まず自らの心理的問題や症状に関する認知・行動モデルを学び、どのような仕組みでその問題が成り立っているのか、どのようにすれば改善していくと考えられるのかを理解します。

　次に、その知識に基づいて、出来事や状況に対する自分自身の反応を、認知行動療法の相互作用モデルに従って四側面（気分・感情／意欲・行動／身体／認知）に分けて**セルフモニタリング（自己観察）**します。自分の問題・状態を把握し、それによって認知・行動を変化させ、クライエントにとって効果的な活動をともに検証する作業は**協力的実証主義**と呼ばれます。やがてクライエントは自分で自分の行動をコントロールできるようになり、動機づけと自己効力感を高めて治療者の手助けから離れることになります。

第1章 臨床心理学をはじめて学ぶひとが知っておきたいこと

第2章 こころの基本的な仕組み

第3章 代表的な心理療法・アプローチ

第4章 臨床心理学のアセスメントと検査方法

第5章 臨床心理学の主な支援対象

第6章 臨床心理学が活きる場

第7章 臨床心理学の専門家

第8章 カウンセリングの実際

心理教育とセルフモニタリング 図

心理教育の現場におけるテーマ内容と効果

	心理教育の主な内容	効果
医療現場	精神疾患や慢性疾患に関する知識と対応（症状、治療方法や副作用、病気の経過や予後の見通しなど）、病気の結果生じる困りごとへの対処方法、再発予防など	治療意欲の向上、症状改善、社会的機能や生活の質の向上、再発減少など
教育現場	いじめ・不登校・発達障害に関する知識と対応、性やLGBTQに関する知識、基本的な対人関係スキルや社会生活スキル、ストレスマネジメント、薬物や暴力などの防止、自殺予防など	よりよい対人関係や学校風土、レジリエンス・ストレス対処の向上、学校不適応の予防など
子育て支援	定型発達に関する知識と対応、発達障害とペアレントトレーニング、虐待予防など	育児ストレス改善、家族機能のエンパワメントなど
産業領域	メンタルヘルス教育とストレスマネジメント、ハラスメントに関する啓発・教育、アンガーマネジメント、アサーション・トレーニング、ソーシャルスキルトレーニング、自殺予防など	労働者のメンタルヘルス向上、精神疾患の予防、復職支援など

認知行動療法の相互作用モデル：自らの心理的問題の仕組みを理解する

気分・感情
・気分の落ち込み
・楽しさが感じられない

出来事

自分の反応

意欲・行動
・行動を起こせない
・やる気が起きない

認知
・マイナス思考
・自責の念

状況

身体
・不眠、食欲減退
・疲労感

これらの出来事や状況に関する自分の反応をセルフモニタリングすることによる効果
・治療へのアドヒアランス向上（クライエントが治療計画の決定や実行に積極的に参加）
・症状管理、生活リズムや日常的ストレスのコントロール
・再社会化（社会生活に新たな形で適応すること）、再発防止

05
認知行動療法②
マインドフルネス

■ マインドフルネスの始まり

　マインドフルネスの起源は、主として東南アジアで発展した上座仏教の瞑想法であるヴィパッサナー瞑想にあります。具体的には、1979年、ジョン・カバットジン（Jon Kabat-Zinn）が、ヴィパッサナー瞑想から仏教色を抜き、統合心身医学の視点を取り入れて開発した「**マインドフルネスストレス低減法（MBSR）**」（8週間のプログラム）が、マインドフルネスの始まりとされています。その後、マインドフルネスは、医療領域で普及し、教育領域においてもすでに世界的に広く実践されています。また、有名企業でも、マインドフルネスを社員研修として活用しています。

■ 呼吸を通して、〈今〉に目を向ける

　マインドフルネスでは、「〈今〉を意識し、〈今〉に注意を向ける」実践をします。その際、注意すべきは、「意識」「注意を向ける」とは、「集中する」のように、意識を一つの対象や人物にピンポイントで向けることではなく、その場で起こっている事態を、言葉にすることなく、つぶさに感じ切ることを意味するという点です。具体的な実践では、呼吸が要になります。呼吸に意識を向け、〈今〉に意識を戻すことによって、痛みや不安を「ただそこにあるもの」として客観的に眺め、受け入れることができれば、苦しみから解き放たれる第一歩につながります。そのため、マインドフルネスの実践を通して、過去や未来にとらわれていたこころが解放され、自分を縛っていた〈現実〉を違う目でとらえることが可能となります。その効果として、①ストレスが低減し心身がリラックスする、②自分の弱さも認めた柔軟な自分になる、③メンタルが強くなる、④やる気が増大する、⑤幸福感が増す、⑥他者に優しくなれる、などが挙げられます。

マインドフルネスの実践 図

「調身→調息→調心」：10分間ほど呼吸に意識を向けてみよう！

Step1 調身

● **坐骨を立てる**
少し浅めに座って、坐骨で座面を突き刺すようにして骨盤を立て、その上に背骨が乗っかる形で背筋を伸ばす

● **足を開く**
両足は骨盤幅に平行に開いて、膝は直角にして、足裏は床面をとらえる

● **手を置く**
両手は両腿の上の楽なところに、手のひらを開いて置く

● **丹田に重心を置く**
背骨をゆっくりと左右、前後に動かして、「丹田」と呼ばれるへそ下の腹部に重心がくるように姿勢を調節する。そして、静かに柔らかく目を閉じる

● **背筋を立てられない場合**
猫背や腰痛などで、なかなか背中を骨なりに立てることが難しい場合は、浅く座らずに、お尻を背もたれの下部に押し込む感じで骨盤と腰を安定させて座る方法もある

Step2 調息

● **自然な呼吸**
呼吸を意識して行おうとすると、力んでリラックスできなくなってしまう。そのため、呼吸は身体が自然に行うのに任せる

● **呼吸を感じ切る**
鼻の穴から空気が入ってきて、また出ていくのを、言葉にすることなく、ただひたすらそこで起こっていることを感じ切るだけ

● **吸う息・吐く息の違いを感じる**
吸う息が鼻を通り、のどを通って肺に届くのを感じてみる。吐く息が肺からのど、鼻を通って出ていくのを感じてみる。吸う息と吐く息の温度の違いを感じてみる

● **呼吸から生じるイメージ**
息を吸ったときは、身体全体に酸素が行きわたるのをイメージする。胴体、手の先、足先まで酸素がめぐっていくイメージ。反対に、息を吐くときは、息が足先、手の先、胴から出ていく感じをイメージする

● **あるがままの呼吸を味わう**
もっとゆっくり呼吸しなくてはなどと考えなくても大丈夫。マインドフルネスでは、あるがままの呼吸を味わえばよい

Step3 調心

● **雑念＝リラックス状態**
マインドフルネスの実践時に雑念が起こってくるのは、徐々にリラックス状態に入っていることの証。つまり、マインドフルネスがうまくいっていることを意味する

● **雑念に気づき、また呼吸に戻る**
雑念が湧いてきたら、そのことに気づいて、また呼吸に戻っていくことを繰り返す

第2章 こころの基本的な仕組み
第3章 代表的な心理療法・アプローチ
第4章 臨床心理学のアセスメントと検査方法
第5章 臨床心理学の主な支援対象
第6章 臨床心理学の活きる場
第7章 臨床心理学の専門家
第8章 カウンセリングの実際

06

認知行動療法③
ACT

心理的柔軟性を高め、価値へと向かう行動を

　第三世代の認知行動療法として位置づけられる **ACT**（アクト：Acceptance and Commitment Therapy）とは、クライエントの**心理的柔軟性**を高め、本人にとって大切な意味や価値があることへと向かった行動ができるようにサポートすることを目的としています。そこでは、心理的な症状や苦悩の緩和が目指されるというよりも、ネガティブな思考や感情もそのままに受け入れて（アクセプタンス）、人生上の価値に基づいた行動を実行していくこと（コミットメント）をサポートすることが目指されます。

価値に基づく行動を妨げている心理的な障壁、それへの対処

　ACT の面接は、クライエントが語る主訴とその人の状態を理解したうえで、クライエントが人生において何を大切にし、行動したいのかを確かめ、それを妨げるものは何かという点を考慮することによって進められていきます。

　クライエントの価値に基づく行動を妨げるもの、つまり心理的な障壁として挙げられるのが「フュージョン」「高すぎる目標」「不快の回避」「価値からの乖離」の四点であり、その頭文字をとって **FEAR（恐れ）** と呼ばれています。この FEAR への対抗手段は、**DARE（勇気）** です。それぞれ、「脱フュージョン」「不快の受け入れ／アクセプタンス」「現実的なゴール」「価値を確かめること」を意味しています。

　このようにしてクライエントの心理的柔軟性を高め、価値に基づく行動に向かっていくことをサポートする ACT は、六つのコアプロセスとしてまとめられています。アクセプタンスとコミットメントとは、感情や思考を受け入れる内的作業と大切な行動を実行する外的作業の両面から成り立っているともいえるでしょう。

心理的柔軟性を高めるACT 図

第1章 臨床心理学をはじめて学ぶ人が知っておきたいこと

第2章 こころの基本的な仕組み

第3章 代表的な心理療法アプローチ

第4章 臨床心理学のアセスメントと検査方法

第5章 臨床心理学の主な支援対象

第6章 臨床心理学が活きる場

第7章 臨床心理学の専門家

第8章 カウンセリングの実践

恐れから勇気へ：価値に基づく行動を妨げている心理的障壁とその対処

価値に基づく行動を妨げている心理的障壁

F＝Fusion（フュージョン）	「忙しいから無理」など、物事を変化させようとする行動を起こせなくさせるような否定的思考
E＝Excessive goals（高すぎる目標）	高すぎる目標のために必要な過大な条件を設定することで、諦めるか失敗する
A＝Avoidance of discomfort（不快の回避）	何かを変えようと行動すると、不快・不安な感情が生まれるが、それを感じないようにする
R＝Remoteness from values（価値からの乖離）	自分の行動する目標の大切さや意義を見失っているか、忘れている

心理的障壁への対処

D＝Defusion（脱フュージョン）	自分の邪魔をしている思考の正体を突き止め、その思考から離れる
A＝Acceptance of discomfort（不快の受け入れ／アクセプタンス）	自分が大切だと思うことを実行するために、つらい思考や感情をおいておくための空間をつくる
R＝Realistic goals（現実的な目標）	実現可能な目標に変えるか、そのために必要な条件を満たすという新しい目標を設定する
E＝Embracing values（価値を確かめること）	自分の行動にどんな意味があるか、何が本当に重要なのか、それはなぜかを振り返り、動機づける

心理的柔軟性を高める六つのコアプロセス

「今、この瞬間」との接触
（過去でも未来でもなく、今ここにいる）

アクセプタンス
（感情や思考をあるがままに受け止める）

価値
（何が自分に大切かを知る）

心理的柔軟性

脱フュージョン
（思考を観察する）

行為へのコミットメント
（自分に必要なことを行う）

文脈としての自己
（考える自己より、観察する自己を大切にする）

「心理的柔軟性」とは、「今、ここ」に存在し、こころを開き、大切なことができる能力のこと

07 深層心理学的心理療法①
フロイトと精神分析

無意識の発見と臨床心理学の基礎を築いたフロイト

　フロイトは神経症の治療を通して、人のこころには意識できない**無意識**という領域があることを発見しました。さらに自分が意識すると強いストレスになるものを無意識に押し込めて意識できないように抑圧することで神経症になることを見出しました。その治療として用いられたのが**自由連想法**です。患者は寝椅子に横たわり、自由に思い浮かんだことを話し、そこから連想を繰り返します。すると抑圧された体験や記憶を意識化することができ、その結果、症状がなくなっていくことを見つけました。これらのことから、語ることが治療になるという心理療法の基礎ができました。さらにこころには意識と無意識さらにはその間にある**前意識**という領域があることを見出しました。このような内面の存在を仮定し、その内面としてのこころを治療の対象とする臨床心理学の基礎を生み出しました。このように臨床心理学は心理療法の実践から生まれてきたのです。

構造論：自我・超自我・エス、そして防衛機制

　フロイトはこころには**エス、超自我、自我**という三つの基本的機能があることも見出しました。エスとは本能衝動の源泉で、不快を避け、快を求める快感原則に基づくはたらきをもつ機能のことです。超自我とは両親や社会的な道徳的規範が精神構造に内在化されて一つの機能となったものです。自我とは、エスや超自我のはたらきを現実に則って調整・仲介する機能をもちます。さらにこのような中間管理職的機能だけでなく、エスや超自我から独立したこころの主体と考えられるようになっています。また、こころには自身の安定を守ろうとする防衛機制というものがあること、さらにそれが過剰になると神経症になるため、その防衛の分析も治療には有効であることも見出しました。

自由連想法による無意識の意識化

馬が怖い

馬は力強い
強いものが
怖い

権力も怖い
父性的な
ものが怖い

父が怖い
（抑圧された
内容の意識化）

フロイトのこころの構造論と局所論

フロイトの構造論

知覚-意識

前意識

超自我

自我

抑圧

無意識

エ　ス

フロイトは意識・前意識・無意識の局所論の
みでは十分ではないと考え、上記のようなエ
ス・超自我・自我を想定した構造論を提唱した

フロイトの局所論

意識　　わかっていること

前意識　努力することで思い出せる
日常的に意識せずにやっていること

無意識　　意識すると不快なため、
意識から締め出されたもの

エス・超自我・自我の関係性のイメージ

エス

超自我

自我

第1章 臨床心理学を
はじめて学ぶ人が
知っておきたいこと

第2章 こころの
基本的な
仕組み

第3章 代表的な心理療法・
アプローチ

第4章 臨床心理学の
アセスメントと
検査方法

第5章 臨床心理学の
主な支援対象

第6章 臨床心理学が
活きる場

第7章 臨床心理学の
専門家

第8章 カウンセリ
ングの実際

08
深層心理学的心理療法②
ユングと分析心理学

▌ イメージを重視する分析心理学

　スイスの心理学者・精神科医のユングが創始したのが、**分析心理学**です。分析心理学の心理療法では、夢・描画・箱庭などのイメージが重視されていますが、そこには、**無意識が生み出すイメージ**への信頼があります。また、イメージを個人の体験や記憶につなげるのではなく、現実（生育史など）とどのように異なっているかに注目することで、そこから新しい視点がもたらされることを大切にしています。つまり、分析心理学の心理療法では、過去や現実に縛られないでイメージにアプローチすることを通して、クライエントが自分自身と向き合うという方法論が用いられています。その背景には、統合失調症の治療体験をベースに、無意識が個人を超えて**集合的無意識**（人類共通の普遍性をもつ無意識）にまで広がっていると考えたユングの理論的仮説があります。また、分析心理学の心理療法では、問題や苦しみの解決や軽減に留まらず、イメージを通して現れてくるものとの関係を通して、**こころの全体性**（意識と無意識が調和している状態）が回復し、人格の成熟が生じる過程（個性化）が重視されています。

▌ 「物語性」と「象徴性」

　分析心理学の心理療法では、現れてきたイメージを味わうだけでなく、イメージを理解し、内省していくことも大切にされています。具体的には、イメージをシリーズとして理解し、そこにある種の「物語性」を読み取っていきます。また、イメージを個人の生育史を超えた集合的無意識の現れとしてとらえ、その内容を「象徴性」から理解していきます。そのため、セラピストには、神話・昔話・宗教儀礼など、象徴に関する知識を幅広く身につけ、象徴的意味に開かれていることが求められます。

分析心理学におけるイメージへのアプローチ 図

「母なるもの」の否定的イメージ
魔女　　　山姥

「母なるもの」の肯定的イメージ
マリア　　　女神

ネガティブな母親像

小さい頃、母親によく叩かれていました。わが子なのに、どうして優しくしてくれないんだろうと、いつも思っていました。自分が子どもをもって、子どもの可愛さがわかるようになって、余計に母親が理解できず、許せないです。

夢の報告

私はキャンプに出かけています。川の向こう側に、熊の親子が見えました。怖くて逃げ出そうと思ったんですが、母熊が川で捕った魚を子熊に与えているのを見て、思わず見入っている自分がいることに気がつきました。

補償機能
意識と無意識は互いに補い合うもので、無意識は意識の一面的な偏りを補っている

拡充法
クライエントの連想や直感を聴くことに加えて、熊の象徴的意味を示す神話や昔話などを紹介し、クライエントが、夢のイメージの多義性にふれられるようにする

夢からの連想①

熊って凶暴なイメージがあったんですけど、あんなふうに子どもを大切にする姿に驚きました。

熊の象徴的意味
力強さ、精神性、母性、豊かさなど

夢からの連想②

凶暴さと愛情を同時に併せもつこともあるんですね。

第1章 臨床心理学をはじめて学ぶ人が知っておきたいこと

第2章 こころの基本的な仕組み

第3章 代表的な心理療法・アプローチ

第4章 臨床心理学のアセスメントと検査方法

第5章 臨床心理学の主な支援対象

第6章 臨床心理学が活きる場

第7章 臨床心理学の専門家

第8章 カウンセリングの実際

09
深層心理学的心理療法③
アドラー心理学

アドラーの心理学と目的論

　アドラー（Adler, A.）は、フロイトやユングと並んで精神分析の草創期を支えた、臨床心理学の先駆者の一人です。アドラーの心理学は、器官劣等性の観察に始まります。すべての生き物は生まれつきの性質や弱さをもっています。ある人は胃腸が弱いし、ある人は小さい。そのような劣等性に対して、自分と他者を比べたとき、その人の想像のなかに**劣等感**という自分自身に対する価値観・感情が生じます。私たちの行動は、この劣等感を克服しようとする目的・目標をもっていると考えられるのです。

劣等感の克服から共同体感覚へ

　やがてアドラーの理論は、個人が自らの劣等感を克服していくという視点から、人間が自らを社会のなかでどのように位置づけていくかを重視するようになります。強靭な身体・能力をもつ動物たちに比べて、人間は生物学的な劣等性をもって生まれてくるため、独力では決して生きていけません。それゆえ、私たちは集団を形成してきました。共同体の仲間になりたいという欲求は、社会的動物である人間の基本的欲求であるといえます。劣等性と劣等感を克服しようとする勇気は、「仕事」「交友」「愛」という三つの社会的タスクにおいて、個人が集団の一員として居場所をもって生きるという目的にかなった行動につながります。そのことによって他者や社会に貢献できているという感覚、すなわち**共同体感覚**が育っていくのです。

　しかし、人は時に劣等感によって失敗を恐れ、自らの不完全さを隠そうとして、社会的タスクを回避することがあります。アドラーは、劣等感に対して本来果たすべき取り組みができないことを**劣等コンプレックス**と呼んでいます。

アドラーの人生とその心理学の特徴

アドラー
(Adler,A.1870-1937)

アドラーの心理学は個人心理学とも呼ばれ、個人の生を分割できない統一体として見ようとする立場をとる（全体論）。

また、人間の行動や思考は目標をもっており、ある方向での失敗を別の方向での成功によって補償しようとする欲求として表れると考えた（目的論）。

その背景として、弟の早逝、自身がくる病であったこと、母親との関係が悪かったことなどが彼の理論に大きく影響していると考えられている

アドラー心理学のキーワード

劣等性	客観的な現実としての弱さ　例）胃腸が弱い、身体が小さい
劣等感	主観的に見て劣っているという自己評価　例）「自分は弱い」と感じる
劣等コンプレックス	劣等性や劣等感を補償するための適切な取り組みができない状態
目的論	人間の行動はある原因によって機械的に生じるのではなく、目標があって合目的的に働いているものとみなす。個人のパーソナリティはこの目標を知ることなしに理解できないと考える
補償	劣等感を克服しようとする行動。例えば勉強ができないとき、勉強そのものを頑張る場合と、スポーツや芸術などほかの側面での活動に昇華する（未熟な欲求を社会的に認められる形に変化させること）場合がある
全体性	個人の生を分割できない統一体とみなす。例えば思考と感情は対立するものではなく、個人の目的を達成するために用いられる
共同体感覚	個人の共同体に対する所属感、信頼感、貢献感

第1章　臨床心理学をはじめて学ぶ人が知っておきたいこと

第2章　こころの基本的な仕組み

第3章　代表的な心理療法・アプローチ

第4章　臨床心理学のアセスメントと検査方法

第5章　臨床心理学の主な支援対象

第6章　臨床心理学が活きる場

第7章　臨床心理学の専門家

第8章　カウンセリングの実際

10

夢分析

■ 無意識からのメッセージとしての夢

　臨床心理学では、夢は無意識からのメッセージを伝えるものと考えます。特にフロイトの**精神分析**とユングの**分析心理学**において重視されてきました。

　はじめて夢を心理療法に応用したフロイトは、「夢は無意識に至る王道」と述べています。フロイトによれば、夢は無意識に抑圧された感情や衝動、記憶などが形を変えて表現されたものです。抑圧された内容は、その人が忘れたい、認められないと思っているものなので、そのまま夢に現れてしまうとショックが大きすぎます。そこで、刺激が強すぎないか吟味が行われ（**検閲**）、元の内容から形を変えて夢となります。そのため夢分析では、本人のライフストーリーや自由連想から夢の大元を探り、無意識に抑圧された内容を明らかにしていきます。

　一方、ユングは、夢にはフロイトがいうような抑圧された個人的内容が隠されているのではなく、夢そのものが一つの真実を表現していると考えました。それは個人を超えた集合的無意識からのメッセージであり、夢のイメージとして、夢見手（夢を見ている本人）の足りていない面を教えてくれるはたらきをもちます（**補償性**）。また、夢を見るという体験自体に治療効果があると考えた点も重要です。

■ 夢へのアプローチの方法

　フロイトの夢分析では、クライエントが自分のこころを観察し、思い浮かんだことをそのまま言葉にする**自由連想**（➡ p.44）が基本となります。ユングの夢分析では、連想や直感、時には神話や昔話なども用いて、夢のイメージをさまざまな角度から多義的に解釈します（**拡充法**）。

フロイトによる夢のメカニズム

意識

検閲

夢

抑圧されたものを探る（夢の解釈）

検閲をくぐり抜けるため加工される（夢の作業）

例えば、鉛筆が出てくる夢を見たとすると
抑圧された願望や衝動（潜在内容）が加工され、「鉛筆」として夢に現れている（顕在内容）。自由連想や、これまでの個人史を探り、隠された本来の夢の姿を探っていく

抑圧されたもの

無意識

鉛筆は男性器の象徴かも？

幼少期の体験にヒントが？

ユングの夢のとらえ方

集合的無意識のイメージは神話や昔話に現れ、夢の理解にもつながります。

意識

個人的無意識

夢

神話・昔話

集合的無意識

熊は古来、どんな存在だった？

熊が出てくる神話や昔話は？

例えば、p.47の熊の親子の夢を見たとすると
熊から連想するもの、直感、熊が登場する神話や昔話などから、自由にイメージを広げていく（拡充法）。「熊」も、実際の熊としてとらえる（客体水準）だけではなく、その人自身の無意識が現れたもの（主体水準）としてもとらえ、多角的に考える

クライエントのなかの「熊」的な要素は？

第1章 臨床心理学をはじめて学ぶ人が知っておきたいこと

第2章 こころの基本的な仕組み

第3章 代表的な心理療法・アプローチ

第4章 臨床心理学のアセスメントと検査方法

第5章 臨床心理学の主な支援対象

第6章 臨床心理学が活きる場

第7章 臨床心理学の専門家

第8章 カウンセリングの実際

11

箱庭療法

箱庭療法とは？

　箱庭療法とは、砂の入った箱とミニチュア玩具（人・動物・植物・乗り物・建物・橋・柵・石・貝殻・架空のもの・ビー玉などさまざまな玩具）を用いて行う心理療法の一技法です。面接室に、砂箱とミニチュア玩具が準備されており、セラピストが見守るなか、そのときに置きたいものを砂箱へ置きたいように置いて自由に表現していきます。

箱庭療法の起源と広がり

　箱庭療法は、イギリスの小児科医であるローエンフェルト（Lowenfeld, M.）による"The World Technique"（世界技法）を起源に、言葉による自己表現の難しい子どものために生まれた技法でした。その後、スイスのカルフ（Kalff, D.M.）がユングの分析心理学の考えを取り入れ、"Sandspiel"（砂遊び）として発展させ、成人への適用も可能としました。カルフは、「**自由であると同時に保護された空間**」を創造するようなクライエントとセラピストとの関係を基盤に箱庭表現が生まれてこそ、クライエントの自己治癒力が最大限にはたらくと考え、こうした関係を「**母子の一体性**」と呼んでいます。

　日本には、カルフに教えを受けた河合隼雄が1965（昭和40）年に箱庭療法を導入し、カルフの考えを基盤に、クライエントの表現をそのまま「味わう」ことの重要性を唱えました。箱庭療法は、庭造りの伝統をもち、言語表現を得意としない日本人に馴染み、医療・教育・福祉・司法などの多様な領域に広く普及し、独自の深みを増しています。幅広い対象に利用されますが、急性期の統合失調症など、重篤な精神障害のあるクライエントの場合、病状を悪化させる可能性があるため、禁忌とされています。また、大人が砂箱からはみ出す表現をする際には、慎重な対応が求められます。

第1章 臨床心理学をはじめて学ぶ人が知っておきたいこと

第2章 こころの基本的な仕組み

第3章 代表的な心理療法・アプローチ

第4章 臨床心理学のアセスメントと検査方法

第5章 臨床心理学の主な支援対象

第6章 臨床心理学が活きる場

第7章 臨床心理学の専門家

第8章 カウンセリングの実際

箱庭療法のなかで起こってくる動き 図

関係を基盤にして表現が生まれる

表現が関係を育てていく

内的世界の表現

見守る

自己治癒力の活性化

クライエント

セラピスト

自由であると同時に保護された空間

・どのような表現でも許されるという自由の保障
・イメージの力に圧倒されたり、イメージがあふれ出たりしてしまわないようなしっかりとした守り

箱庭表現の見守り方

①箱庭表現を「味わう」
セラピストの感受性やこころの動き、自然に生じた感情、イメージなどを通して、箱庭表現をクライエントとともに味わう

②箱庭表現を「分析的に見る」
統 合 性：作品のまとまり・豊かさ・繊細さ・バランス・流動性・生命力など
空間配置：砂の使い方、空間の使い方、空間の分割、空白部分など
テ ー マ：どのようなテーマが表現されているか
象　　　徴：個々のミニチュアや箱庭表現がどのような象徴的意味をもつか

③箱庭表現を「系列的に見る」
一つの作品のみを取り上げて解釈せず、心理療法の過程においてつくられる箱庭作品を一連のものとしてとらえ、系列的に理解する。この系列的な見方からは、治療関係の深まりや治療の進展をみることができる

12

描画療法

■ 描くことが治療になる——こころを投映し広く深く表現する技法

　心理療法の技法の一つで何かを描くという表現を通して治療を行うものです。描きたいものをこころの向くままに描く**自由画法**、ある特定の課題に基づいて描く**課題画法**があります。課題画の代表例としては木を描いてもらう**樹木画法**（バウムテスト）、指定された手順で風景を描いてもらう**風景構成法**などがあります。さらに、自由になぐり描きを行い、そのなぐり描きにこころを投映して見えてくるものを描き、彩色を行う**スクリブル**、それをカウンセラーと交互に行う**スクイグル**、曖昧な描線をもとに連想・投映されたものを描く誘発線法等もあります。言葉だけでは表現できないものや無意識の側面を表現することができ、自分自身を広く深く表現できるのがこの技法の強みです。

■ 描くプロセスの理解と見守り手との関係性の深まり

　描画療法では描かれた作品に注目が向きがちですが、そこに至るプロセスも重要です。それは、どのように描き進めたのかという**描画プロセスを理解する**ということです。何度も描き直し迷いながら描いたのか、何を先に描き何を最後に描いたのかというプロセスを理解してこそ、描かれたものの意義全体をつかむことができます。

　また、その前提となる描き手と見守り手であるカウンセラーとの関係性も重要です。信頼できる相手にこそ自身の言葉にならないものが表現できるようになるため、描く時点までにどれだけ関係性が深まっているかが重要です。さらに描画療法を行った後は、それ以前と比べてカウンセリングで語られる内容の質が変化することがあります。描画による表現ができたことで、カウンセラーとの関係性がより深まるとともに新しい表現のチャンネルが開かれ、カウンセリングがより展開していきます。

第1章 臨床心理学をはじめて学ぶ人が知っておきたいこと

第2章 こころの基本的な仕組み

第3章 代表的な心理療法・アプローチ

第4章 臨床心理学のアセスメントと検査方法と

第5章 臨床心理学の主な支援対象

第6章 臨床心理学が活きる場

第7章 臨床心理学の専門家

第8章 カウンセリングの実際

代表的な描画療法 図

技法	技法の概要	描画例
バウムテスト 樹木画法	木を描く描画法。全体的な印象、各部位の特徴、幹より上部である幹先端の処理等から分析を行う。木は立像という点で人間像とも類似し投映が生じやすい。心理検査の意味だけではなく描画療法として治療的側面も有している	
風景構成法	枠づけられた用紙に風景を一定の手順に沿って描いてもらう。描かれた各風景のアイテムとその風景の構成具合から分析を行う。精神病圏の人から児童まで幅広く利用でき、治療的にもアセスメントにも使える	
九分割統合 絵画法	枠づけを行った用紙を3×3の9分割し、各コマに「の」の字の描き順か、その逆の順で絵を描く。自由に描くだけでなく、テーマを設定して描いてもらうこともある。9つ描くプロセスのなかで表現に深まりが生まれる	
HTP	家（House）、木（Tree）、人（Person）を描く描画法。それぞれを1枚ずつに描いてもらうものと、家・木・人を1枚のなかに描くものとがある。個人のパーソナリティだけではなく家族にかかわるものも表現される	
色彩分割法	枠づけを行った用紙を自由に分割し、そこに彩色する描画法。カウンセラーとクライエントが交互に分割と彩色を行う交互色彩分割法もある	
スクリブル	用紙になぐり描きをしてもらい、その描かれた描線から「何か見えませんか？」と尋ねて見えてきたものに彩色を行い形づける。曖昧ななぐり描きにこころを投映して表現する描画法	
スクイグル	交互なぐり描き法ともいい、カウンセラーがなぐり描きしたうえで、スクリブルの要領でクライエントが投映したものに彩色を行い、形づける。その次にクライエントがなぐり描きを行い、今度はセラピストが投映を行う	
MSSM （交互ぐるぐる描き投映・物語統合法：Mutual Scribble Story Making）	用紙を4〜8分割し、その枠にスクイグルの要領で交互になぐり描きと投映を繰り返す。最後の1マスに、二人が投映したものを使って物語をつくる。投映したものを再び糸で縫い合わせるようにつなぎとめる作業になる	

13
メンタライゼーション

▶ 定義と有効性

　例えば、あなたが働いているビルの入り口の前で、両手に大きな荷物を抱えてゴソゴソしている人がいたとします。すると私たちは「ドアが開けられず困っているのかな」「行き先がわからないのかな」「お困りですかと声をかけたほうがよいかな」とあれこれ想像して考えます。このように、ある行動の背景となっている精神状態を推測したり、認識したりすることを**メンタライゼーション（メンタライジング）**といいます。

　メンタライジングされる精神状態とは、思考、感情、欲求、願望、信念などの日常的な状態に加えて、パニックや解離、幻覚・妄想といった病理的な状態も含みます。また、他者のこころも自己のこころも含まれています。例えば、誰かに強い怒りを覚えて「ムカつく」とき、実際に吐き気を催すよりも、「自分は相手に対してこのような不満があり、こうしてほしいと思っているけれども、それが実現されなくて腹立たしく思っているんだな」と認識できることが大切です。このようにメンタライジングを通じて、感情を伴った内省ができるとき、欲求不満耐性が高まり、感情が統制できるようになるのです。

▶ メンタライジング能力の高まりと発達

　このメンタライジングの能力が育つためには、養育者が子どものこころをメンタライジングすることが大切です。子どもに生じた緊張や興奮などの反応を、養育者が「怖かったね」などとその精神状態として意味づける応答をすることによって、子どもは次第に自分自身の心身の揺らぎを認識でき、抱えていけるようになります。このメンタライゼーションに基づく治療（MBT：Mentalization-Based Treatment）は境界性パーソナリティ障害（➡ p.156）や愛着障害の治療にも有効性が認められています。

メンタライゼーション 図

メンタライジングとは

他者のこころを思う

> あの人は何に困っているんだろう？

平易な定義：こころでこころを思うこと（holding mind in mind）

自分のこころを思う

> 私は何にモヤモヤしているんだろう？

メンタライゼーションと近接概念

心の理論	他者のこころに対する個人の認知的な能力のこと。他者の視点や状況を自分自身に置き換えて、他者のこころを推測するはたらき
メンタライゼーション	他者のこころを推測するはたらきだけでなく、自分のこころを内省したり、自分自身の心的体験への感受性を高めたりすることも含まれる。また他者のこころを知的に推測するのみならず、より情緒的な共感性や、こころを感じて伝え返すという相互関係のプロセスを含んでいる
ミラーリング	意識的または無意識的に、相手の言動を鏡のようになぞること。憧れたり理想化している相手や物理的・心理的に近い相手に、しゃべり方や口癖、仕草などが似ること。母子関係で「あーん」と言いながら母親も口が開いたり、子どもが食べている様子を見て「おいしいね」と言ったりするなど、養育者が子どもの情動を読み取り、それを子どもに伝える応答のこと。ミラーリングは、メンタライゼーションよりも無意識的な同一化・一体感がベースとなって生じていると考えられる

メンタライゼーションに基づく介入の例

> また母親に怒ってしまって悪い娘だわ　モヤモヤ

> お母さんに対して感情的になってしまったとき、自分でもショックだったのではないですか？
> 「悪い娘」と考えて「モヤモヤ」してしまうところをもう少し詳しく教えてもらえませんか？

➡ 自分のこころの輪郭がくっきりして、こころの不安や揺らぎを自分で抱えられるようになっていく

第1章　臨床心理学をはじめて学ぶ人が知っておきたいこと
第2章　こころの基本的な仕組み
第3章　代表的な心理療法・アプローチ
第4章　臨床心理学のアセスメントと検査方法
第5章　臨床心理学の主な支援対象
第6章　臨床心理学が活きる場
第7章　臨床心理学の専門家
第8章　カウンセリングの実際

14 来談者中心療法

来談者中心

来談者中心療法はアメリカの心理学者ロジャーズ（Rogers, C.R.）によって創始、発展された心理療法で、**クライエント中心療法**ともいわれます。来談者中心療法の基本には、**個人は、成長するための資源を自分のなかにもっている**という考えがあります。心理療法では、クライエントが自分のなかにある資源を活かして個人として成長し、より成熟したあり方で自分や自分の問題に向き合えるようになることが目指されます。よりよくなるための力をもっているのはクライエント本人であり、カウンセラーによる指示（助言や忠告など）が問題を解決するのではないのです。

成長が促進されるカウンセラーの態度

クライエントに内在する自ら成長する力は、どのように促進されるのでしょうか。来談者中心療法は、クライエントの成長を促進する条件としてカウンセラーの態度を三つ提示しています。それは、①**自己一致**、②**無条件の肯定的関心**、③**共感的理解**というものです。このようなカウンセラーの姿勢に支えられて、クライエントのなかでより統合された人格への変容が生じると考えられています。

ロジャーズによる来談者中心療法の考え方は、クライエントを個人として尊重すること、クライエントのもっている成長する力を信頼すること、カウンセラーとクライエントの関係の重視など、心理療法の基盤となるような要素を含んでいます。そのため、心理療法に関するいろいろな理論の垣根を越えて、カウンセラーに共通する前提として受け入れられています。

第1章 臨床心理学をはじめて学ぶ人が知っておきたいこと

第2章 こころの基本的な仕組み

第3章 代表的な心理療法・アプローチ

第4章 臨床心理学のアセスメントと検査方法

第5章 臨床心理学の主な支援対象

第6章 臨床心理学が活きる場

第7章 臨床心理学の専門家

第8章 カウンセリングの実際

来談者中心療法によるこころへのアプローチ 図

来談者中心療法のアプローチ

○○という気持ちなのですね。

クライエント

カウンセラー

そのことについてもう少し詳しくお話していただけますか？

非指示的

- クライエント本人が自分について理解を深め、方向を決定していけるようにする
- 助言や忠告などを控える

感情の明確化

- クライエントが自分の感情に気づけるように援助する

カウンセラーに求められる姿勢

自己一致	・カウンセリングのなかで、カウンセラーが自分自身でいる ・クライエントとの関係のなかでカウンセラーに生じるさまざまな気持ちを、カウンセラー自身が認め、否定しない
無条件の肯定的関心	・ありのままのクライエントに関心をもつ ・クライエントの体験のあらゆる面を、クライエントの一部としてあたたかく受容する
共感的理解	・クライエントの気持ちや考えを、クライエントが体験している枠組みから共感的に感じる ・感じ取ったことをクライエントに伝える

15
フォーカシング

言葉になる前の体験に注意を向ける

　フォーカシングは、ジェンドリン（Gendlin, E. T.）によって創案された心理療法です。ジェンドリンは、来談者中心療法で知られるロジャーズとともに心理療法の研究を行いました。そして、**体験過程**（experiencing）という考えを導入して、ロジャーズの理論と実践を発展させます。体験過程とは、**まだ言葉にならなくても今、ここで直接感じ取れるような体験の流れ**のことで、そこには**明確な形をとる前の意味**が含まれています。この体験過程を扱うための技法として開発されたのが、フォーカシングです。フォーカシングでは、体験の流れに注意を向け、それを言葉やイメージなどで表現しようとします。そのプロセスのなかから、新たな気づきや意味が生み出されるのです。フォーカシングは、自己理解の方法としても活用されています。

フォーカシングの方法

　フォーカシングを行うときは、①こころと身体が落ち着ける空間をつくります。②身体の内側に注意を向けて、気になる感じを見つけます。この身体で感じられる微妙な感覚を**フェルトセンス**といいます。③見つかったフェルトセンスを受け入れ、**その感じにぴったりくる言葉やイメージなどの表現**を見つけます。そして、④身体の感覚と表現がぴったりか比べてみます。⑤その感覚を味わい、ときにその感覚に対して質問してみます。④や⑤のプロセスで、自然と思いがけない気づきを得たり、新たな意味が見出されたりすることがあります。この変化は身体の感覚を伴って訪れることが多く、**フェルトシフト**といわれます。⑥最後に、新たな気づきや意味を味わい、受け入れます。

フォーカシングによるこころへのアプローチ 図

フォーカシングの進め方

6

気づきや意味を
受け入れる

例）「あの出来事について怒っ
ていたのかも……」

1

空間をつくる

・こころと身体を落ち着ける

5

感覚に問いかける

例）「どうしてモヤモヤしてい
るの？」

2

フェルトセンス

・身体の内側に注意を向ける
・気になる感じを見つける

例）胃のあたりが重い感じ

4

身体の感覚と
表現を比べる

3

ぴったりくる
表現を見つける

例）「モヤモヤのかたまり」

第1章 臨床心理学をはじめて学ぶ人が知っておきたいこと

第2章 こころの基本的な仕組み

第3章 代表的な心理療法・アプローチ

第4章 臨床心理学のアセスメントと検査方法

第5章 臨床心理学の主な支援対象

第6章 臨床心理学が活きる場

第7章 臨床心理学の専門家

第8章 カウンセリングの実際

16 ゲシュタルト療法

まとまりある全体や統合を志す

ゲシュタルト療法は、精神科医パールズ（Perls, F.S.）らによって創始された心理療法です。ゲシュタルトという言葉は、もともと「形態」や「姿」を意味するドイツ語ですが、ここでは**まとまりある全体や統合**といった意味を含んでいます。ゲシュタルト療法では、クライエントが自分への気づきを得て、より統合された人格になることを目指します。それは、クライエントがこれまで気づかなかった自分の気持ちや考えに気づき、それらを言葉にしたり行動したりすることで自分自身と関係をもち、自分らしく生きられるようになることを意味しています。

「今、ここ」における「気づき」を得る

ゲシュタルト療法では、カウンセラーは、クライエントに解釈を与えるようなことはできるだけ避け、クライエントの自己発見・自己成長を援助します。また、ゲシュタルト療法は、過去や未来ではなく、「**今、ここ**」に生じている現象を重視します。心理療法のなかでクライエントが過去に起こった出来事や未来に起こり得る可能性について語るとしても、それを問題とし、それとかかわることができるのは、「今、ここ」にほかならないのです。

ゲシュタルト療法では、「今、ここ」に焦点を当て、クライエントの気づきを援助するために、さまざまな技法が提案されています。代表的な技法には、**チェア技法**、**ドリーム・ワーク**、**ボディ・ワーク**などがあります。

第1章 臨床心理学をはじめて学ぶ人が知っておきたいこと

第2章 こころの基本的な仕組み

第3章 代表的な心理療法・アプローチ

第4章 臨床心理学のアセスメントと検査方法

第5章 臨床心理学の主な支援対象

第6章 臨床心理学が活きる場

第7章 臨床心理学の専門家

第8章 カウンセリングの実際

ゲシュタルト療法によるこころへのアプローチ 図

ゲシュタルト療法の技法

チェア技法

・空の椅子にイメージする人を座らせる
・イメージのなかで、その人と対話する

▶未完結の感情や経験を扱い、完結を導く

ドリーム・ワーク

・夢に登場した人や物になってみる
・その人や物として、話したり行動したりする

▶夢のイメージとコンタクトをもち、洞察を深める

ボディ・ワーク

・身体の一部になってみる
・その身体の部分と対話する

▶身体を通して、気づきを得る

17

遊戯療法
（プレイセラピー）

子どものための「遊ぶこと」による心理療法

　遊戯療法は、**子どもを対象に、遊びを通して行われる心理療法**で、プレイセラピーともいわれます。子どもにとって、遊びは自分を表現し、他者とコミュニケーションするための自然な方法です。プレイセラピストと遊ぶことを通して、子どもは、自分でも気づかなかったような自分のこころの動きを体験します。また、ありのままの自分を他者に受け入れられる体験をもちます。このような体験のなかで、子どものなかにある自ら成長する力が促進されるのです。

　遊戯療法の行われる**プレイルーム（遊戯室）**には、子どもが興味をもち、子どもの表現を促すようなおもちゃが備えられています。おおよそ描画、粘土、人形、ブロック、ボール、楽器、乗り物、滑り台やジャングルジムなどが用意されています。

プレイセラピストに求められること

　プレイセラピストには、子どもを一人の人間として尊重し、子どもとあたたかい関係を築き、子どもと同じ次元で遊ぶことのできる力が求められます。アクスライン（Axline, V.M.）は、来談者中心療法で知られるロジャーズのもとで学び、プレイセラピストに必要な8原則を提示しています。8原則には、あたたかい関係の構築、あるがままの子どもの受容などに加えて、**必要な制限を設けること**も含まれています。それは、子どもが自分自身やプレイセラピストを傷つけてしまったり、故意におもちゃを壊してしまったりすることを防ぎます。適切な制限があることで、子どもは危険から守られ、また現実とのつながりを失うことなく、自由に自分を表現することができるのです。

遊戯療法によるこころへのアプローチ 図

プレイルームの様子

絵を描いたり、おままごとをしたり、子どもが自由に自分を表現できるようなおもちゃがある

身体を動かす遊具や、砂場・水場がある場合もある

プレイセラピストに求められる姿勢

友好的な関係	受容	許容的な雰囲気
友好的な関係をつくる	ありのままの子どもを受け入れる	自由に自己表現できる雰囲気をつくる

感情の映し返し		主体性の尊重
子どもの気持ちを感じ取り、それを映し返す		子どものもつ力を信頼し、子どもの主体性に任せる

非指示的	急がない	制限
子どもに指示をしない	治療を急がない	必要な制限を設ける

第1章 臨床心理学をはじめて学ぶ人が知っておきたいこと

第2章 こころの基本的な仕組み

第3章 代表的な心理療法・アプローチ

第4章 臨床心理学のアセスメントと検査方法

第5章 臨床心理学の主な支援対象

第6章 臨床心理学が活きる場

第7章 臨床心理学の専門家

第8章 カウンセリングの実際

18 グループカウンセリング① 家族療法・夫婦療法

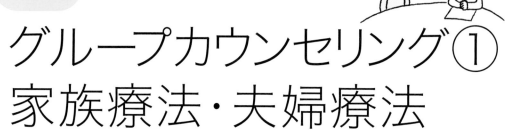

家族のための心理援助

　個人を対象にする心理療法に対して、**家族を一つのまとまりをもった単位**ととらえて行われる心理療法を総称して、**家族療法**といいます。家族療法は、家族メンバー同士の**関係のネットワーク**に注目します。家族のなかで問題を呈する人を IP（Identified Patient）といいますが、その問題は、IP 一人によるものではなくて、**家族メンバー間の複雑な相互関係のなかで生じてきたもの**と考えます。例えば、子どもの不登校も、その子ども個人の問題ではなくて、家族の関係のなかから起こってきた問題としてとらえられるのです。家族療法のカウンセラーは、家族合同面接などを用いて、家族における相互に影響し合う関係をとらえ、そこで見られる問題を具体的に扱います。そして、家族のメンバーが自分たちの問題に気づき、よりよいあり方を構築していけるようになることを目指します。

夫婦のための心理援助

　夫婦療法は、夫婦を支援するために行われる心理療法です。夫婦や家族の形態の多様化に伴って、近年ではカップル・セラピーと呼ばれることもあります。

　カップルは、多様な問題を抱えて相談に訪れます。それは、子どもの問題から、夫婦関係の改善を目指すもの、あるいは離婚するために関係を整理するものなどさまざまです。夫婦療法では、家族療法と同じように、**カップルを一つのまとまりをもった単位**と考えます。カウンセラーは、夫、妻、そして二人の関係に着目しながら、カップルが自分たちの間に生じた問題を自分たちで考え、対処していくことができるように援助します。

家族療法のさまざまな技法

家族合同面接

家族メンバーと面接を行う

ジョイニング

家族関係に溶け込む

多方向への肩入れ

家族メンバー一人ひとりと公平な結ぶ

リフレーミング

物の見方や考え方のパターンを変える
▶多面的・肯定的な見方ができる

カップルをめぐる問題と心理的テーマ

二人の関係

子どもの問題

親との未解決な問題

関係の改善

二人で問題に向き合う姿勢

自分や相手の理解

カップルとしての成長

別離の選択をすることも

第1章 臨床心理学をはじめて学ぶ人が知っておきたいこと

第2章 こころの基本的な仕組み

第3章 代表的な心理療法・アプローチ

第4章 臨床心理学のアセスメントと検査方法

第5章 臨床心理学の主な支援対象

第6章 臨床心理学が活きる場

第7章 臨床心理学の専門家

第8章 カウンセリングの実際

19
グループカウンセリング②
SSTとアサーション・トレーニング

■ SST——社会生活を送るために必要な技術を身につける

SST とは**ソーシャルスキルトレーニング**（Social Skills Training）の頭文字をとったものです。**ソーシャルスキル**とは、コミュニケーションのとり方や、日常生活でのさまざまな場面におけるふるまい方など、社会生活を円滑に送るために必要となる技術を指します。SST では、具体的な日常場面を想定してプログラムを設定します。例えば、相手の気持ちを察するのが苦手な子どもに対し、さまざまな表情が描かれた絵カードを使ってゲームをしたり、その場面を実際に演じてみたり（ロールプレイ）することで、相手の気持ちをくみ取る力を身につけます。SST は、医療・教育・福祉・司法など幅広い分野で導入されていますが、日常生活のどのような場面に困難を感じるかは対象者一人ひとり違うため、各々の特性や目標に応じたプログラムを考えることが大切です。

■ アサーション・トレーニング——適切な自己表現をするために

アサーションには自己主張・自己表現という意味があり、適切に自分の意見を主張する力はソーシャルスキルの一つとしても考えられます。自分の意見を過度に我慢したり、相手に一方的に押しつけたりするのではなく、自分も相手も尊重できる適切な伝え方を学ぶのが**アサーション・トレーニング**です。基本となるのは、誰もが自己表現の権利をもっており、時に衝突することはあっても、互いの権利を守るため、協力的にコミュニケーションしていく力を身につけるという考え方です。ただスキルを取り入れるだけではなく、基本的人権としての自己表現を理解することが大切です。トレーニングは大きく理論編と実践編に分かれており、理論編ではアサーションの権利や考え方を学び、実践編ではロールプレイを通して試行錯誤しながら自己表現の方法を身につけます。

第 1 章 臨床心理学を はじめて学ぶ人が 知っておきたいこと

第 2 章 こころの 基本的な 仕組み

第 3 章 代表的な心理療法・ アプローチ

第 4 章 臨床心理学の アセスメントと 検査方法

第 5 章 臨床心理学の 主な支援対象

第 6 章 臨床心理学が 活きる場

第 7 章 臨床心理学の 専門家

第 8 章 カウンセリ ングの実際

SSTとアサーション・トレーニングの実際 図

子どもを対象としたSSTの例

Step1　インストラクション
どのようなソーシャルスキルを身につけるか、そのためにどのようなことを
練習するのかをわかりやすく伝える

Step2　モデリング
ある場面を設定し、
セラピストが適切なソーシャルスキルを実行してみる(モデリング)

Step3　リハーサル
ロールプレイやゲームなどを通して
子どもが実際にやって練習する

Step4　フィードバック
振り返り、どこがよかったか、どうすればもっとよくなるかを伝える

Step5　般化
学んだソーシャルスキルが、日常の場面でも使えるよう促す

アサーションにおける自己表現の三つのスタイル

攻撃型	相手の気持ちを無視・軽視して、自分の意見や考えを押しつける
非主張型	自分の意見や気持ちを後回しにして言わない、または言っても相手に伝わりにくい
アサーティブ	自分の考えや気持ちを素直にとらえ、攻撃的にならず正直に伝えることと、相手の反応を受け止めようとすることの両方を、バランスよく実現できる

三つとも誰もが取り得るスタイルであり、常にアサーティブな人はいません。
時と場合によっては、「アサーティブにしない権利」もあります。

20
グループカウンセリング③
心理劇（サイコドラマ）

心理劇（サイコドラマ）のはじまり

　心理劇（サイコドラマ）は、精神科医の**モレノ**（Moreno,J.L.）が創始した集団精神療法です。参加者が自身の課題を提示し、それをグループが即興で演劇化していきます。もともと自らが即興劇を演じていたモレノは、演じることがもつ治療的効果を実感し、心理劇として発展させました。人が葛藤状況に遭遇したとき、それに対応して行動する力が生じること（自発性）が大切であり、筋書きのない劇で「今、ここ」の役割を演じることで、自発性を高める訓練ができると考えられています。

心理劇の流れとさまざまな技法

　まず、ウォーミングアップで劇を演じる準備をします。簡単なゲームや体操でリラックスしたり、自分の課題を話し合ったりします。次に、参加者から出てきた課題やイメージを監督が取り上げ、演劇にしていきます。主役をはじめ、いろいろな役割を決め、実際に演じ、監督の判断でストップするまで続けます。最後にシェアリングとして感想を話し合います。こうすることで参加者の抱える問題に新たな視点がもたらされます。

　体験を深めるためのさまざまな技法があり、代表的なものとして、**ダブル（二重自我法）**、**ミラー（鏡映法）**が挙げられます。ダブルとは、主役のほかに「もう一人の自分」の役をつくり、主役と同じ役を一緒に演じる技法です。「もう一人の自分」として主役の隠された内面を感じ取り、独り言としてつぶやきます。ミラーとは、自分の役を自分以外の人に演じてもらい、鏡に映したように観察する技法です。いずれの技法でも、他者の視点から客観的に自分を見ることで、自己理解を促します。

心理劇の構成要素

主役	個人のテーマをグループに提供し、劇の主役となる。一般的にクライエントが担当する
監督	グループリーダーであり、心理劇を演出、運営する。一般的にカウンセラーが担当する
補助自我	主役を補助する役割全般を指す
観客	周囲で見ているメンバー。シェアリングで自分の体験を伝える
舞台	劇が演じられる空間

心理劇の技法の例

ダブル （二重自我法）	補助自我が主役と同一の役を同時にとり、主役の「もう一人の自分」を演じること。主役の自己理解を促す
ミラー（鏡映法）	自分の役割を自分でない他者に演じてもらうことで、鏡を見るかのように自分を観察して理解できるようにする
ロール・リバーサル （役割交換）	主役を演じていた演者が、ほかの役と交換して演じること。他者の現実を内側から知る手がかりとなり、他者理解を促す
エンプティ・チェア	実際には誰も座っていない椅子に誰かが座っていると見立てて、主役が一人芝居で会話する。関係の振り返りや洞察に役立つ

Aさんの例

Aさん（20代女性）の課題

> 母親が過干渉。成人して家を出てからも何かと口出ししてくる。言い返したいのに、うまく言葉が出てこない

①スタッフの一人がAさんのミラーを、別のスタッフが母親役を演じ、Aさんが語った母親との過去の一場面を再現する。Aさんはミラーと母親役の演技を見て、「子どもの頃からいつも、母親は私の意見を勝手に決めつける。言葉を奪われる感じだった」と気づく
②母親役に向かって、Aさん自身が、これまで感じていたことを言葉にする
③観客からも感想を伝え、話し合う（シェアリング）

第1章 臨床心理学をはじめて学ぶ人が知っておきたいこと

第2章 こころの基本的な仕組み

第3章 代表的な心理療法・アプローチ

第4章 臨床心理学のアセスメントと検査方法

第5章 臨床心理学の主な支援対象

第6章 臨床心理学が活きる場

第7章 臨床心理学の専門家

第8章 カウンセリングの実際

21
グループカウンセリング④
自助グループ・当事者グループ

同じ境遇の人同士が支え合うこと

　自助グループとは特定の疾患や症状または状況が同じ人達が集まってともに支え合うためのグループのことをいいます。具体的にはアルコール・ギャンブル・薬物などの依存症、がん等の身体疾患者、大切な人を亡くした遺族や犯罪被害者等がその代表例です。同じような体験や苦しみ・悩みをもつ人と出会うことで「自分だけではなかった」と体験し、**孤独感から解放され安心感を得る**ことができます。さらに同じような困りごとへの対処法を共有することで、専門家からは得られない情報を得ることが可能な場合もあります。グループで得た安心感や新しい情報をもとに、抱えている問題と直面し、人生の新たな学びや生き方を考え直し、生きる力を取り戻すという意義が存在しています。

　また、グループでは一体感やつながりを得るだけではなく、自分とほかの参加者との「違い」も感じます。一過的には否定的体験ともなりますが、その違いこそがその人独自の体験であるため、その他者との違いを受け止める過程を支えることはとても重要です。

自助グループ・当事者グループの特徴とその広がり

　自助グループには**ヘルパーセラピー原則**という考えがあります。これは「援助をする人が最も援助を受ける」ということです。参加者は援助を受ける側であることが多く、援助をする側になることで新しい経験を得て、それが力となるのです。そして、サービスの受け手こそ最もニーズを知っており、援助を受ける側こそ援助者側に最も貢献できると考えられています。また、自助グループは当事者だけではなく、当事者の**親の会**や**家族会**等も増加しており、対象も慢性疾患や難病、発達障害やその他のさまざまな障害や精神疾患、さらには犯罪加害者や虐待を行う親の会等、対象の広がりを見せています。

第 1 章　臨床心理学を はじめて学ぶ人が 知っておきたいこと

第 2 章　こころの 基本的な 仕組み

第 3 章　代表的な心理療法・ アプローチ

第 4 章　臨床心理学の アセスメントと 検査方法

第 5 章　臨床心理学の 主な支援対象

第 6 章　臨床心理学が 活きる場

第 7 章　臨床心理学の 専門家

第 8 章　カウンセリ ングの実際

自助グループの特徴 図

自助グループの例

依存症	アルコール依存症、薬物依存、ギャンブル依存、買い物依存、ゲーム依存、対人関係の依存など
身体疾患	がん患者会・家族会、摂食障害、睡眠障害、糖尿病などの慢性疾患、さまざまな難病指定の疾患など
精神疾患	統合失調症、うつ病、強迫性障害、認知症など
障害	身体障害、発達障害、知的障害
遺族会	自死遺族、がん遺族、交通事故遺族、子どもを亡くした遺族、親を亡くした子ども（遺児）、配偶者を亡くした遺族など
犯罪被害者	殺人被害者遺族、性被害者、少年犯罪被害者、交通事故被害者など
性的マイノリティ	LGBTQ＋など
犯罪加害者	窃盗、虐待加害者、DV 加害者など

自助グループの運営のポイント

運営におけるポイント	概要
会の目的、できることとできないことの明確化	何を目的にどこまでのことを目指して行うのかを定めて行うことが大切。できないことはほかの機関に任せることも重要
グループ体験の個別振り返りの実施	グループ体験は個別の振り返りをせずに「やりっぱなし」になりがち。どこかで個別で振り返りを行うことでグループ体験をより自身の体験に収めることができる
長期参加者と新規参加者の融合	長期参加者にとっては、新しい参加者はこれまでのグループのあり方を変える存在のため、脅威と感じることがある。いかに今ある場所を保ちながら、新規参加者にとってもフィットする場にしていけるかの調整を行い、常に新しい場所につくり変えていくことが大切
運営側のセルフケア	運営側も自分自身の過去の体験をもっているため、随時セルフケアを行い、自分自身が前面に出すぎていないかを確かめることも大切

22 システムズアプローチ

まとまりをもった全体へのアプローチ

システムという視点を導入して行われる心理援助をシステムズアプローチといいます。システムとは、**相互に関係をもつ、まとまりをもった全体**のことをいいます。システムという考え方は、物事を要素に分解して理解しようとする視点に対して、それとは異なる方法で物事を統一的にとらえようとする視点として、学問の領域に登場しました。臨床心理学では、**家族や集団、コミュニティなどを一つのまとまりととらえて行われる心理援助**にこの考え方が導入され、システムズアプローチができました。

相互に影響し合う関係

個人や家族は**開放システム**（開かれたシステム）と考えられ、周囲の環境と相互に関係し合っています。このような相互関係にあるとき、ある出来事の原因と結果を一方向からとらえることは困難です。このとき、どちらも原因でもあれば結果でもありうるという**円環的因果律**という見方が役に立ちます。全体のなかで、それぞれのシステムがどのような相互関係にあるのかをとらえることで、システムの理解が深まります。

システムズアプローチの活用

代表的なシステムズアプローチに**家族療法**（➡ p.66）があります。家族療法では、家族を一つのシステムととらえて、家族関係のネットワークに注目します。ほかにも産業領域や教育領域など、人間関係のなかで問題が生じる場面において、システムズアプローチは活用されます。システムという見方を導入すると、個人を対象とした心理療法とは異なる観点から、個人や家族、集団を見立てて援助することが可能になります。

第1章 臨床心理学をはじめて学ぶ人が知っておきたいこと

第2章 こころの基本的な仕組み

第3章 代表的な心理療法・アプローチ

第4章 臨床心理学のアセスメントと検査方法

第5章 臨床心理学の主な支援対象

第6章 臨床心理学が活きる場

第7章 臨床心理学の専門家

第8章 カウンセリングの実際

システムの階層性

地域コミュニティ

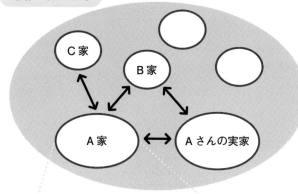

A家

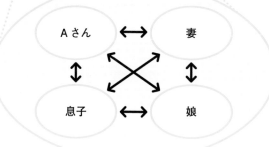

地域コミュニティというシステムのなかに、一つの家族システムがあり、家族システムのなかに個人システムがある…というように、システムは階層構造をもちます。

システムズアプローチの活用場面

| 家族の問題 | 学校における
クラスでの問題 | 職場での問題 |

23

ナラティブ・アプローチ

● ナラティブ（「今、ここ」において語る行為）の重要性

　社会構成主義の影響を受けて、グーリシャン（Goolishian,H.）やアンダーソン（Anderson,H.）などの家族療法家たちが1980年代に提唱したのが、**ナラティブ・アプローチ**です。そこでは、ナラティブ（「今、ここ」において語る行為）を通して、過去の出来事も、「今、ここ」で、その意味が構成されていくと考えられています。そのため、語る行為は、自分なりの方法で自分自身を伝え、自己をつくることにつながるとされています。また、ナラティブ・アプローチでは、クライエントとセラピストの二つの語りが織り上げられていく、ということ自体が治療を展開させると考えられています。

● ドミナント・ストーリーからオルタナティブ・ストーリーへの変容

　クライエントは、問題をはらむ物語（**ドミナント・ストーリー**）に支配されています。そこで、セラピストは、クライエントの語りに耳を傾け、時に対話が広がるような問いかけの工夫をしながら、クライエントがどのような物語のなかに生きているのかを、クライエントと共同して探っていきます。その際、セラピストは、自らが支持する理論（ある種のドミナント・ストーリー）を当てはめるのではなく、クライエントやその問題については「無知である」という姿勢を貫き、対等な関係を築こうとします。そして、クライエントの人生と切り離すことなく、病気や障害、心理的苦しみの意味をとらえていきます。こうした作業は、それまでとは違う視点の発見、問題の新たな意味づけなどをもたらし、ドミナント・ストーリーとは別の物語（**オルタナティブ・ストーリー**）を創ることを可能にします。ドミナント・ストーリーを書き換えることを通して、新たな生き方を選ぶことができれば、問題からの解放の道が開けていきます。

ドミナント・ストーリー

①親が私のことを殴っていたのは、きっと私が悪い子だったからです。だから、私には存在価値なんてないんです。

②ご自身では、どのようなところが悪い子だったと思われますか？

③どうして親は、自分のことを大事にしてくれなかったんだろう（涙）。

④つらいですね……。今改めて振り返ってみると、ご自身としては、どうしてだと思われますか？

⑤この頃、私がしんどそうにしていると、夫が話をよく聴いてくれるようになったんですよ。

⑥旦那さんが話をよく聴いてくれるようになったんですね。その変化の背景には何があると思われますか？

⑦夫は小さいときに、お父さんを亡くしていて。寂しさから、反抗することもあったみたいですけど、お母さんが年をとってきて、一人で頑張って育ててきてくれたことに改めて感謝ができるようになったみたいです。それで、家事や子育てを頑張る私にも感謝してくれて、話を聴いてくれるようになったんじゃないかと思います。

⑨とても大切なことに気づかれましたね。

オルタナティブ・ストーリー

⑧親にされたことは、すごく傷ついたし、許すことはできません。でも、一人で私たち兄弟を育てるなかで、親も必死だったのかもしれません。夫と話ができるようになって、自分にも、人に大切にされる価値があるんだなということが少しだけど、わかってきました。

心理療法の展開

第1章 臨床心理学をはじめて学ぶ人が知っておきたいこと

第2章 こころの基本的な仕組み

第3章 代表的な心理療法・アプローチ

第4章 臨床心理学のアセスメントと検査方法

第5章 臨床心理学の主な支援対象

第6章 臨床心理学が活きる場

第7章 臨床心理学の専門家

第8章 カウンセリングの実際

24 解決志向アプローチ
（ブリーフセラピー）

短期間での治療効果を目指す

　解決志向アプローチとは、治療目標を明確にし、治療期間や治療回数を限定して（平均6〜10回程）、短期間に治療効果をあげようと意図する心理療法の総称を指します。広義の解決志向アプローチに共通する考え方として、①人格変容よりは**問題解決を目指す**、②受容的・共感的技法よりも**能動的・積極的技法を用いる**、③問題の原因を探しても解決につながらないため、**原因探しはしない**、が挙げられます。その背景には、家族療法の理論でもあるシステムズアプローチがあり、直線的因果論ではなく、円環的因果論が問題を生み出している以上、一つの原因だけを探して取り除くことはできないという考えがあります。そこで、システムの変化によって、問題解決を図ろうとします。

解決志向アプローチの主な技法

　主な能動的・積極的技法としては、以下の四つがあります。
- **ミラクル・クエッション**：問題が解決したときの状態を具体的にイメージしてもらい、そのときと同じことを実際にやってもらうことで、感情から変化を生み出す技法
- **スケーリング・クエッション**：今の感情などを数値に置き換えて表現してもらうことで、抽象的な問題を具体的に考えてもらう手がかりにする技法
- **例外探し**：悩まされている何らかの問題があるときに、その悩みがない時間帯や状況を探してもらい、何が違うのかを具体的に考えてもらうことで、変化のきっかけをつかんでもらう技法
- **問題の外在化**：抱えている問題が、クライエント自身の一部ではないことを意識させることで、問題の切り離しや解決が可能であると思ってもらう技法

第 1 章 臨床心理学をはじめて学ぶ人が知っておきたいこと

第 2 章 こころの基本的な仕組み

第 3 章 代表的な心理療法・アプローチ

第 4 章 臨床心理学のアセスメントと検査方法

第 5 章 臨床心理学の主な支援対象

第 6 章 臨床心理学が活きる場

第 7 章 臨床心理学の専門家

第 8 章 カウンセリングの実際

従来の心理療法と解決志向アプローチの違い 図

> ささいなことで、すぐ不安になって、うまくいかないことが多いのですね。どんなことに不安になるのか、もう少し詳しく聞かせてもらえますか？

> ささいなことで、すぐ不安になって、うまくいかないことが多くて……

従来の心理療法
受容・共感的技法

スケーリング・クエッション
> 一番不安になったときを100として、ささいなことに感じる不安はどれくらいですか？

ミラクル・クエッション
> 今の悩みが解決したとしたら、どんなことが目に見えて違ってきそうですか？

例外探し
> 不安になっても、うまくいったことはありませんか？

問題の外在化
> あなたが不安を感じやすいのではなくて、仕事場をはじめ、その場の状況があなたを不安にさせているということはないでしょうか？

解決志向アプローチ
能動的・積極的技法

25
交流分析

交流分析（TA：Transactional Analysis）とは

交流分析の創始者バーン (Berne, E.) は、フロイトによる超自我、自我、エスという難解な精神分析概念を平易な視点からとらえ直して、こころのなかの「親の要素：P」「成人の要素：A」「子どもの要素：C」というそれぞれの自我状態として示しました。

交流分析の目的は、個人が「今、ここ」における自我状態に気づくことによって、感情、思考、行動を**自己コントロール**することにあるとされています。また、対人関係における交流場面の分析においては、他者へのかかわりに含まれる**意識的・無意識的なメッセージ（ストローク）**を解明し、修正することによって、よりよい交流のあり方を模索していくことができます。つまり、交流分析による自我状態の分析は、個人のパーソナリティをよりよく理解するだけでなく、行動変容を促したり、他者とのコミュニケーションのあり方を改善したりするためにも活用することができます。

有効性と限界

交流分析の究極の目的は、幼少期に形成された非現実的・非適応的な交流様式を変えることだとされています。これは精神分析と同様の視点ともいえますが、交流分析は精神分析に比べて、理論も方法も大変平易であるため、わかりやすくて活用しやすいという利点をもっています。

交流分析の理論は、東大式エゴグラム（TEG）などの簡便な性格検査にも応用されています。手軽な自己理解・他者理解のツールにもなりますが、それによって自分に変化をもたらそうとするには明確な目的意識と動機づけ、努力が欠かせません。また、自らの内的状態や関係のあり方を客観視することが難しい人にも適用できません。

五つの自我状態とその内容

P （親の自我状態） 人を育てるときの態度。自分の親の態度を取り込んでいることが多い	
批判的な親 CP（Critical Parent）	「〜すべき」「〜でなくてはならない」など、理想や道徳を重視し、社会の秩序やルールを厳しく守ろうとする父親的なこころの要素。真面目で責任感が強く、リーダーシップをはたらかせる。年齢や立場に応じた CP が求められる
養育的な親 NP（Nurturing Parent）	思いやり・受容・共感など、子どもの成長を促進するような母親的なこころの要素。「〜してあげよう」といった、親切で寛容的な態度や行動を示す。度が過ぎるとお節介や過保護につながり、他者の自律性や独立心を抑制してしまう

A （成人の自我状態 ） 現在の状況や物事を冷静に判断する態度	
大人 A（Adult）	事実や根拠に基づいて、物事を冷静かつ客観的に理解し、合理的に判断しようとするこころの要素。自我のはたらきにとって重要な特徴であるが、過度になりすぎると情緒欠如、無味乾燥でロボットのような人間になりかねない

C （子どもの自我状態） 子ども心。楽しむとき、叱られるとき、子どもに返るときの態度	
自由な子ども FC（Free Child）	「〜したい」という、素直で自然、のびのびと自由奔放なこころの要素。感情豊かで、創造性や直観、こころの健康などの基礎であるが、FC ばかりが強すぎると自己中心でわがままになり、周囲との折り合いがつかなくなる
順応した子ども AC（Adapted Child）	「〜してもいいですか」と、周囲の期待や気持ちを感じ、それに添うように自分を合わせていくこころの要素。抑制的で節度を保つこと、他者の評価を気にすることでもある。AC ばかりが強くなると、他者だけが優先され、本来の自分自身を抑圧することになる

さまざまなエゴグラムのタイプとストロークの分析

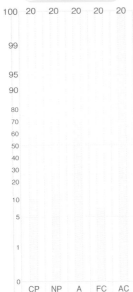

TEGの結果の一例

I am OK. You are OK.
自分も相手も肯定できるタイプ
お互いによい関係

I am not OK. You are OK.
自己否定、他者肯定、抑圧的

I am not OK. You are not OK.
自分にも他者にも否定的、抑うつ的になりやすい

I am OK. You are not OK.
自己中心的、他者否定

26
日本的心理療法①
森田療法

■ 「あるがまま」を受け入れる

　森田療法は、1920（大正9）年頃に精神科医の**森田正馬**により創始され、日本独自の心理療法として発展しました。森田は神経症患者の治療にあたるなかで、患者に共通する内向的、過敏、心配性、完璧主義等の性格傾向に気がつきました（神経質性格）。こうした性格傾向によって患者は不安にとらわれやすくなり、不安を排除しようとすればするほど症状が悪化して抜け出せなくなる悪循環に陥ります（**とらわれの機制**）。森田療法では、こうした不安や症状をコントロールするのではなく、「**あるがまま**」を受け入れ、不安の裏にある「よりよく生きたい」という欲望（**生の欲望**）を発揮し、主体的に生きることを目標とします。現在のマインドフルネスにもつながる考え方であり、不安障害などの神経症に限らず、広くメンタルヘルスの改善に役立つ心理療法として普及しています。

■ 森田療法の実際

　入院治療を基本としますが、通院治療や自助グループで実施されることもあります。入院治療において治療期間は四つに分かれ、個室に隔離され横になって過ごす第1期（絶対臥褥期）から、徐々に活動範囲を広げ、第4期（外出期）に向かいます。この治療期間で大切なのは、不安や症状は起こるままにしておき、そのうえで自分がやるべきこと、やりたいことを実際に行動に移していくことです。そうすることで、症状に対するとらわれから自分を解放し、症状の背後にある自分の建設的な欲求に従って行動することを体験的に身につけます。

森田療法の考え方と実施法 図

第1章 臨床心理学を はじめて学ぶ人が 知っておきたいこと

第2章 こころの 基本的な 仕組み

第3章 代表的な心理療法・アプローチ

第4章 臨床心理学の アセスメントと 検査方法

第5章 臨床心理学の 主な支援対象

第6章 臨床心理学が 活きる場

第7章 臨床心理学の 専門家

第8章 カウンセリ ングの実際

「とらわれの機制」のメカニズム

とらわれの機制 ┬ 精神交互作用
　　　　　　　　└ 思想の矛盾

思想の矛盾
「こうあるべき」という 理想の自分とのギャップ

不快な感覚や感情 を消そうとすれば するほど注意が向 いてしまう

精神交互作用

不快な感覚・感情
不安、恐怖、悩み、動悸

注意

森田療法の4期

第1期	絶対臥褥期	個室隔離され、横になったまま過ごす。食事、洗面、トイレ以外の行動は禁止	4日〜1週間
第2期	軽作業期	引き続き隔離されるが、日中は庭に出て軽い仕事をする。日記を書いて1日を振り返る	3日〜1週間前後
第3期	重作業期	庭造りや大工仕事、手芸等、共同作業が増える	1週間前後
第4期	外出期	通勤や通学等、必要に応じて外出も可能。徐々に退院への準備を進める	1週間〜1か月

27 日本的心理療法②
内観療法

自己探求法としての内観療法

　内観療法とは、日本独自の心理療法の一つです。吉本伊信が、浄土真宗の一派に古くから伝わる「身調べ」という修行法をベースに、一般の人にもできる自己探求方法として確立しました。内観療法の適応には、家庭や職場の人間関係の不和や不登校、依存症、神経症、心身症、うつ病などがありますが、内省力が高まるため、非行・犯罪等の改善にも効果がみられます。内観療法を通して、他者の自分への愛情を実感し、自己中心的な見方を正すこと、自分も積極的にこの世界に貢献したいという姿勢、肯定的な人生観などが生じてきます。

集中内観と日常内観

　「**集中内観**」は、研修所などに一週間泊まり込み、外界と隔絶された静かな部屋で、一日三度の食事・入眠・睡眠など生活に必要なこと以外は一切せずに、内観に集中します。具体的には、特定の人物に対して、①お世話になったこと、②して返したこと、③迷惑をかけたことの三つの観点から、相手に対する自分の態度を調べます。特定の人物は、母親から始まり、父親、パートナーといったように、重要な人について順番に調べていきます。その際、幼児期・小学校低学年・高学年…というように、生まれてから現在までを数年ごとに行います。また、1〜2時間おきに訪れる面接者に、そのエッセンスを3〜5分間で報告します。面接者は、報告に耳を傾け、テーマから逸脱した報告の際には指摘し、ありのままの具体的事実を調べられるように励まします。一方、「**日常内観**」は、「集中内観」の終了後に、内観日記をつける、日常生活のなかで規則的に内観をする時間をつくることなどによって、内観療法の効果を持続させる目的があります。

第1章 臨床心理学をはじめて学ぶ人が知っておきたいこと

第2章 こころの基本的な仕組み

第3章 代表的な心理療法・アプローチ

第4章 臨床心理学のアセスメントと検査方法

第5章 臨床心理学の主な支援対象

第6章 臨床心理学が活きる場

第7章 臨床心理学の専門家

第8章 カウンセリングの実際

集中内観（研修所などにおける合宿形式）

内観のテーマ
母親、父親、パートナーなど、重要な人物に対して
　①お世話になったこと
　②して返したこと
　③迷惑をかけたこと
について、年代順に区切り、具体的な事実を調べる

セッティング
・場　　所：屏風で仕切られた、静かな場所
・身体状況：楽な姿勢で座る
・時　　間：朝6時〜夜9時を1週間続ける
・作　　業：内観のテーマに沿って、自らについて内省する。1〜2時間ごとに3〜5分、面接者に内観の内容を伝える

日常内観（日常生活のなかでの習慣的な内観）

内観日記をつける

日常生活のなかで規則的に内観する時間をつくる

28
日本的心理療法③
動作法

身体／動作を通してこころや主体にアプローチする

　動作法は成瀬悟策により開発された日本生まれの技法で、動作を通して心理的問題の改善を試みるものを**臨床動作法**と呼びます。人の動作には、その人のこころのありようや身体を動かそうと試みる意思があらわれます。そのような外側にあらわれる動作とともに、その動作を行う人の内側の活動に焦点を当てて扱います。動作者の内側にはたらきかけることで活動全体に変化を促すことができます。また、表にあらわれている動作を主にカウンセリングで取り扱うものとすることで物理的・生理的な現象として客観的に扱うことができます。また、この動作というものは明確に意識して動かしているものだけではなく、生きて活動するために必要な意識下の動作も介入の対象とされています。また、身体の不調がある人にだけ行うものではなく、すべての人に実施可能です。

臨床動作法の実施ポイント

　動作法では動作をどのように体験するかを重視します。例えば、肩を上げる体験において必要以上にほかの箇所にも力が入っている、自分が上げている実感がない等の体験に注目します。そして主訴の背景となる問題が動作の体験のなかにどのように凝縮されて表現されているかを見立てます。その動作の仕方をカウンセラーが修正していくことで動作の体験が変わり、それを繰り返し行うことで主訴となる問題にも間接的にアプローチしていくことができるのです。実際の動作は身体の弛緩、肩の上げ下げ、踏みしめて立つ等の定められた課題動作を行います。そのなかで、身体の感じを実感し、動作を変えていく工夫や試行錯誤をしながら、うまくいかなくなっている自分のありようや日常生活における体験の仕方を変え、自己の安定化・活性化・能動化を目指します。

第1章　臨床心理学をはじめて学ぶ人が知っておきたいこと

第2章　こころの基本的な仕組み

第3章　代表的な心理療法・アプローチ

第4章　臨床心理学のアセスメントと検査方法

第5章　臨床心理学の主な支援対象

第6章　臨床心理学が活きる場

第7章　臨床心理学の専門家

第8章　カウンセリングの実際

動作法の様子

言葉ではなく動作をカウンセリングの媒体とします。

ほかの技法と異なり、クライエントの身体に直接触れて取り組みます。

動作法の仕組み

【動作】
具体例：肩上げ

【主訴につながる体験の仕方】
・肩以外に力が入る
・急に力が入り加減できない
・力が入っている実感なし

【引き起こされる主訴】
・強迫的な完璧主義で毎日しんどい

【動作の修正】
・身体の感覚に注目
・力の加減の調整の試み
・立ち位置での身体の軸の意識

【体験の変化】
・力の入り加減を実感し、力の調整が可能に
・身体の軸が通った体験

【体験の主体である全体が変化】
・身体が軽くなる
・身体がしっかりした感じに

【主訴の変化】
・完璧主義傾向が軽減

29
EMDR

■ トラウマの治療技法

　EMDR とはアメリカの心理学者シャピロ（Shapiro,E.）が1989年に発表した、外傷性ストレスの治療のために生み出された介入技法です。「Eye Movement Desensitization and Reprocessing」の略で「**眼球運動による脱感作と再処理法**」と訳されます。PTSD 等の精神疾患の多くはトラウマ体験や苦痛な人生経験が処理されないまま残っているためだと考えられています。EMDR を行うことで、記憶の処理を円滑化し、苦痛やそれに伴う否定的な物事のとらえ方、社会生活を妨げるようなトラウマ反応を軽減することができます。さらに治療によってより適応的だった過去の自分とつながり、より肯定的で適応的な自分を出して生きていけるようになると考えられています。

■ EMDRの具体的実施ポイント

脱感作と再処理法：トラウマにまつわる苦痛や身体感覚、否定的な物事のとらえ方を思い浮かべながら、カウンセラーが1秒に1回の割合で視界の最大限の範囲内で指を左右にリズミカルに動かすのをクライエントが目で追います。約20秒後、クライエントにそのトラウマ記憶を取り除くよう指示します。そのときに生じた変化に応じ次の眼球運動のセットを行います。

肯定的認知の植えつけ：上記と同様にカウンセラーの指を追視しながら、今度は肯定的で望ましい物事のとらえ方や理解をこころに抱くよう伝えます。

ボディスキャン：身体の緊張や不快感が続いていた場合、そこに焦点を当てて再度眼球運動を行います。

　なお、EMDR は誰もが実施できるものではなく、定められた専門的トレーニングを受けることで実施可能になるものであるため、注意が必要です。

第1章 臨床心理学をはじめて学ぶ人が知っておきたいこと

第2章 こころの基本的な仕組み

第3章 代表的な心理療法・アプローチ

第4章 臨床心理学のアセスメントと検査方法

第5章 臨床心理学の主な支援対象

第6章 臨床心理学が活きる場

第7章 臨床心理学の専門家

第8章 カウンセリングの実際

EMDRの実施方法 図

眼球運動による脱感作の様子

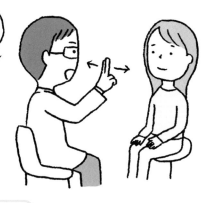

私が動かす指を目で追ってください

左右の眼球運動等の両側性の刺激は脳の情報処理のプロセスを活性化させると考えられている

EMDRの8段階のプロセス

プロセス	概要
①成育歴・病歴の収集と治療計画	治療への準備性や抵抗の有無を評価し、日常において不必要で否定的にはたらくこともある行動（非機能的行動）やトラウマ特有の症状（特異的症状）、トラウマ以外の疾患の有無等を評価する
②準備	治療同盟を確立し、トラウマへの心理教育を行い、治療技法に関して説明を行う。さらに治療中に起こり得るトラウマ反応への対処法を伝え、トラウマ症状が強くなってもそれを客観的にとらえ続けるあり方を教える
③評価	トラウマ記憶に関する評価を行う。具体的には記憶のなかで苦痛なイメージとそれに関する否定的な物事のとらえ方・それに置き換わる肯定的な物事のとらえ方・トラウマ記憶に関する感情・自覚している苦痛の程度・トラウマに関する身体感覚とその場所を明らかにしてその程度を数値化する
④脱感作と再処理法	トラウマにまつわる苦痛や身体感覚、否定的な物事のとらえ方を心に留めたまま、カウンセラーが1秒に1回の割合で視界の最大限の幅で指を左右にリズミカルに動かすのをクライエントが追視する。約20秒後、クライエントにそのトラウマ記憶を取り除くよう指示する
⑤肯定的認知の植えつけ	上記と同様にカウンセラーの指を追視しながら、今度は肯定的で望ましい物事のとらえ方をこころに抱くよう指示する
⑥ボディスキャン	身体の緊張や不快感が持続していた場合、それに焦点づけて再度眼球運動を行う
⑦終了	終了以降にクライエントが苦痛を伴う情動や記憶が現れた際に対処できるよう、リラクゼーション等の方法を教える。思考や夢、感情を記録することの重要性も伝える
⑧再評価	治療目標が達成されて維持されているか評価する。これはセッションごとに行い、必要に応じて追加セッションを行う

30

トラウマケア
（トラウマインフォームドケア）

誰もがトラウマを抱えている可能性

　トラウマとは**心的外傷**ともいわれ、文字どおり「心の傷」を指します。地震などの自然災害や、虐待、犯罪、性暴力、交通事故など、生命が脅かされ、恐怖や無力感を覚えるような体験がトラウマになりやすいことが知られています。**トラウマインフォームドケア**とは、すべての人にこうしたトラウマの影響があるかもしれないということを念頭において、ケアを行おうとする考え方です。トラウマのある人のすべてが PTSD など精神疾患を発症するわけではありませんが、感情の表現や身体などに日常的に影響を与えている可能性があります。例えば、学校で突然暴力をふるう児童が、実は虐待などのトラウマ体験を抱えていたとしたら、そのトラウマに気がつかない限り、問題行動の一つとしか理解されないかもしれません。トラウマの影響を受け、混乱のなかにいる本人が、さらなる傷つきを重ねてしまう可能性もあります。

見えない・語られないトラウマに気づくこと

　トラウマは自ら語られづらく、当事者自身もその影響をよくわかっていない場合がほとんどです。特に、家庭という閉じた空間で生じる DV や虐待、社会的な二次被害を受ける恐れもある性被害は、当事者から語ることは難しい場合が多く、周囲が認識するのが困難です。支援者側は、クライエントの今の状態から、その人が過去に体験した可能性のある出来事や、その体験を刺激するきっかけとなった最近の出来事（**リマインダー**）を想像する必要があります（トラウマの三角形）。問題行動や症状の背景に、トラウマを生き抜いて、何とか適応しようとするプロセスを見出す姿勢が大切です。

トラウマインフォームドケアの基本的考え方 図

トラウマインフォームドケアにおける四つのR

①理解する（Realize）

トラウマがこころ、身体、行動にどのように影響するのかを理解する

②気づく（Recognize）

知識をもつことで、行動の背景のトラウマに気づく

③対応する（Respond）

トラウマへの配慮を取り入れる

④再受傷させない（Resist re-traumatize）

トラウマに気づき、配慮した対応を丁寧に実施する

トラウマの三角形

相手の行動を観察し、背景を想像する
・「この行動はトラウマ反応ではないか？」
・「何かきっかけになる出来事（リマインダー）はなかったか？」

トラウマ体験

体験を刺激する
きっかけ（リマインダー）

トラウマの反応（症状）

トラウマを無理に聞き出すことを目的とするのではなく、「トラウマの三角形」を意識しながらその人の状態を見て、その人が体験したかもしれない出来事や、リマインダーを想像します。もちろん、安全な場で自然と本人からトラウマ体験が語られることがあれば、しっかり受け止めましょう。

第1章 臨床心理学をはじめて学ぶ人が知っておきたいこと

第2章 こころの基本的な仕組み

第3章 代表的な心理療法・アプローチ

第4章 臨床心理学のアセスメントと検査方法

第5章 臨床心理学の主な支援対象

第6章 臨床心理学が活きる場

第7章 臨床心理学の専門家

第8章 カウンセリングの実際

31

催眠療法

■ 催眠現象を利用した心理療法

催眠現象を活用して行われる心理療法を**催眠療法**といいます。催眠現象というのは、**一定の操作（暗示）によって引き起こされる、日常とは異なる意識の状態**になることです。この非日常的な意識の状態は、**変性意識状態**といわれます。変性意識状態では、人は暗示に対する反応性が高くなり、日常とは異なる感覚や感情を体験したり、イメージが思い浮かんだりします。このような催眠現象に含まれる特性のうち、治療的な要素を取り出して行われるのが催眠療法です。催眠というと誤解を受けやすい面もありますが、催眠療法はその方法や効果について科学的な研究が進められ、修正を加えながら発展してきました。催眠療法は、**訓練を受けた専門家のもとで適切に用いられること**によって、その治療的な効果を発揮すると考えられます。

■ 催眠療法の実際

心理療法において、どのくらい催眠療法を活用するかは、ねらう効果やクライエントの条件によってさまざまです。また、催眠状態の深さも、日常の意識に近いものから非日常の意識に至るものまでさまざまであり、治療の目的に沿って検討する必要があります。催眠現象を心理療法に活用することの意義としては、カウンセラーとの信頼関係のもとで、これまで抑えられていた感情が表現されやすいことや、心身のリラクゼーションに至りやすいことなどが挙げられます。また、催眠は、**自律訓練法（➡ p.94）** のように、健康の維持や増進のための自己コントロールの方法としても展開し、活用されています。

第1章 臨床心理学をはじめて学ぶ人が知っておきたいこと

第2章 こころの基本的な仕組み

第3章 代表的な心理療法・アプローチ

第4章 臨床心理学のアセスメントと検査方法

第5章 臨床心理学の主な支援対象

第6章 臨床心理学が活きる場

第7章 臨床心理学の専門家

第8章 カウンセリングの講座

催眠療法によるこころへのアプローチ 図

催眠療法の発展の歴史

シャルコーによる神経症の治療

フランスの神経学者シャルコー（Charcot,J.M.）は、当時ヒステリーと呼ばれた神経症の治療に催眠療法を導入した

フロイトによる神経症の治療

シャルコーの影響を受けたフロイト（Freud,S.）は、一時期、催眠療法を治療に取り入れたが、やがてこれを放棄し、独自の精神分析による心理療法を創始した

エリクソンによる催眠療法

エリクソン（Erikson, M.）は、催眠の実験・臨床研究を進め、さまざまな催眠技法を創案した

催眠療法の効果

不安の緩和

緊張の緩和

抑えられていた感情の体験

症状の緩和

痛みの緩和

32

自律訓練法

■ 全身の緊張を解き、こころと身体の状態を整える

　自律訓練法は、ドイツの神経科医シュルツ（Shults, J. H.）によって創案された自己コントロールの方法です。シュルツは、催眠の研究をするなかで、催眠と同様のリラクゼーションを自分自身でも行うことができるように、自律訓練法をつくりました。自律訓練法では、自己暗示の練習によって、**段階的に全身の緊張を解き、こころと身体の状態を自分で整えられるようになる**ことを目指します。

■ 自律訓練法の方法

　自律訓練法を行うときは、まず、できるだけ刺激のない場所で、受身的な姿勢をとります。次に、**言語公式**といわれる言葉を頭のなかでゆっくり繰り返し、**受身的注意集中**というさりげない集中を行います。一連の言語公式を終えたら、手足の屈伸や深呼吸などの終了動作をして終わりにします。

　ここでは、**標準練習**という方法を見てみましょう。標準練習は、背景公式（安静感）と六つの公式（①重量感、②温感、③心臓調整、④呼吸調整、⑤腹部調整、⑥頭部調整）から構成されています。手順に沿って「気分が落ち着いている」「右腕が重たい」「右腕が温かい」などの言語公式をこころのなかで繰り返し唱えることで、自己催眠に入り、最後に終了動作を行います。

　自律訓練法は、ストレスや緊張の緩和、疲労の回復、こころと身体の健康維持などに効果が認められ、心療内科や精神科において用いられています。

自律訓練法によるこころと身体のケア 図

自律訓練法の進め方

背景公式（安静感）
気持ちが落ち着いている

第1公式　重量感
右腕が重たい （左腕→右脚→左脚へと進む）

第2公式　温感
右腕が温かい （左腕→右脚→左脚へと進む）

第3公式　心臓調整
心臓が静かに打っている

第4公式　呼吸調整
楽に呼吸している

第5公式　腹部調整
お腹が温かい

第6公式　頭部調整
額が涼しい

終了動作
手足の屈伸、手のグーパーなど

背景公式から始めて、第1公式から第6公式まで、順に言語公式をこころのなかで唱えて、その感覚を味わう。すべての言語公式を終えたら、終了動作を行う

自律訓練法の効果

ストレスの緩和	緊張の緩和	疲労回復	集中力を高める

第1章　臨床心理学をはじめて学ぶ人が知っておきたいこと

第2章　こころの基本的な仕組み

第3章　代表的な心理療法・アプローチ

第4章　臨床心理学のアセスメントと検査方法

第5章　臨床心理学の主な支援対象

第6章　臨床心理学が活きる場

第7章　臨床心理学の専門家

第8章　カウンセリングの実際

33

回想法

「思い出を語ること」の意義

回想法は、アメリカの精神科医バトラー（Butler, R.）によって提唱された、高齢者を対象とした心理療法です。バトラーは、高齢者が何度も同じ話を繰り返す現象に注目し、思い出を語る行為自体に意味があるのではないかと考えました。過去を振り返って語ることは、ただ昔を懐かしむだけではなく、過去の体験をとらえ直したり、今の自分を肯定したりすることにもつながります。認知症の場合、新しい記憶を保つことは困難ですが、昔の記憶は保持されています。思い出して相手に伝えようとすることで、脳が活性化し、認知症の進行の予防となることが知られています。また、自分の語りを受け止めてもらうことで、気持ちの安定にもつながります。

回想法の実施方法

グループを対象にした**グループ回想法**と、1対1で行う**個人回想法**があります。いずれの場合も事前にクライエントの生活歴などを調べ、避けたほうがよい話題があるかどうか、語ることで心身に負担がないかを**アセスメント**します。実施にあたっては、テーマを設定したり、思い出を刺激する品物や画像を準備したり、昔のドラマやよく聞いていた音楽などをかけたりするなど、さまざまな方法があります。

回想法は、ただ過去の記憶を安易に語らせればよいというものではありません。聞き手の存在と、そこに深い共感があってこそ語りが生まれます。聞き手は語り手のプライバシーや**守秘義務**を守り、大切な思い出に土足で踏み込むようなことがないよう注意します。語りを否定したり一方的に評価したりするような態度は慎み、語り手のペースに合わせた傾聴を心がけます。

個人回想法

・語り手と聞き手が1対1で面接を行う

・目の前の1人に集中できるので、語り手のペースに沿いやすく、ライフストーリーを丁寧にたどることができる

・個人的な心理課題にも焦点を当てることができる

グループ回想法

・10名前後のグループと、2、3名のスタッフで行う

・同じ時代を生きてきた他者と互いの体験を共有し、深い共感を味わうことができる

・他人の話を聞くことで刺激を受け、自分自身の回想も深まる

第 1 章 臨床心理学をはじめて学ぶ人が知っておきたいこと

第 2 章 こころの基本的な仕組み

第 3 章 代表的な心理療法・アプローチ

第 4 章 臨床心理学のアセスメントと検査方法

第 5 章 臨床心理学の主な支援対象

第 6 章 臨床心理学が活きる場

第 7 章 臨床心理学の専門家

第 8 章 カウンセリングの実際

34

音楽療法

音楽ができない人でも治療できる

音楽を通して表現する**能動的音楽療法**と音楽を聴く**受動的音楽療法**の二つに分けられます。能動的音楽療法では既成の曲や即興演奏等で歌ったり楽器を演奏したりします。受動的音楽療法では音楽を聴くことでリラクゼーションや瞑想を行います。これらは集団でも個人でも行うことができます。基本的な考え方の一つにクライエントのそのときの気分や精神状態に合った音楽を使用する「**同質の原理**」というものがあります。そのときのクライエントの気持ちに寄り添う音楽からはじめ、変化してきたならその変化に合わせて音楽も変化させます。これらは心理療法における受容と共感に重なるものだといえます。音楽はそのときの心情を象徴的に、そして言葉よりも的確に表現できるツールとなり、クライエントの表現の幅を広げ、本質的な理解に寄与します。

心理療法における音楽療法の実際

心理療法のなかで、音楽表現は自然発生的に生まれることがほとんどです。子どものプレイセラピーでは打楽器の即興演奏が行われ、そこにカウンセラーが合わせて楽器を演奏したりメロディを口ずさんだりします。思春期の場合は、クライエントの好きな曲を一緒に聴き、なぜその曲が好きなのかという話を通して、セラピーを展開していきます。成人の場合はクライエントが既成の曲を楽器で演奏または歌い、それを聴き手としてカウンセラーが受け取る、またはともに歌ったり演奏したりすることもあります。また、高齢者においてはデイケア等で数十年前に流行した曲を聴き、懐かしみながら自身の過去の体験を振り返ったりします。そのため、心理療法における音楽療法はカウンセラーもクライエントもともに音楽を専門としていなくとも利用可能なものであるといえます。

第1章 臨床心理学をはじめて学ぶ人が知っておきたいこと

第2章 こころの基本的な仕組み

第3章 代表的な心理療法・アプローチ

第4章 臨床心理学のアセスメントと検査方法

第5章 臨床心理学の主な支援対象

第6章 臨床心理学が活きる場

第7章 臨床心理学の専門家

第8章 カウンセリングの実際

音楽療法の具体的イメージ 図

音楽表現と自身が抱えるテーマとの重なりを、カウンセラーとともに共有する

音楽
楽器演奏
歌

音楽に表現される心理的テーマ

主訴や自身が抱えるテーマ

カウンセラー ⟷ クライエント

音楽療法の種類

能動的音楽療法	既成の曲や即興などで実際に歌う、楽器演奏する（音階のある楽器、打楽器等の音階のない楽器）、音楽に合わせて身体を動かす、音楽づくり、ハミング、手を叩く　等
受動的音楽療法	音楽を聴くことでリラクセーション、瞑想などをする 音楽を聴くとともに、その音楽表現について話をする

心理療法における音楽表現の実際

未就学児・小学生の児童	プレイセラピーでは打楽器の即興演奏等を行い、自身の内側のエネルギーを表出する。その音楽は身体にも響いていき、リズムが身体に刻まれ子どもの基盤として支えになっていく。別れのセッションで第九のメロディをキーボードで演奏したり、嬉しいときにはポップなアイドルの曲をハミングしたり、とその表現からクライエントの状態を直接的に理解することができる
思春期・青年期	ある楽曲等を一緒に聴き、聴いたときの体験や気持ちについて話してもらう。さらにその曲がもつクライエントにとっての意義を話し合ったり、クライエントの理解のための素材として用いたりする。クライエントが言葉では表現しづらい自身の心情を音楽が代わりに表現してくれる
成人	描画療法等のように言語的に表現できないものを表現するツールの一つになる。同時に音楽を表現することはよりその表現のなかに没入することにもなり、その楽曲がもつ要素のなかに入り込める意義がある
高齢者	回想法等を並行して行いながら、数十年前に流行した曲を聴き、懐かしむことで自身の過去の体験を振り返る

35
オープンダイアローグ

■「開かれた対話」によるケア

オープンダイアローグは、フィンランドの精神科病院で開発された地域精神科医療の取り組みです。「**開かれた対話**」という訳語のとおり、クライエントと専門家スタッフがミーティングの場でともに治療について話し合うところに特徴があり、クライエント不在の場ではいかなる決定もしません。「専門家が治療方針を決定し、クライエントが従う」という上下関係は存在せず、「クライエント自身が一番自分の症状について詳しい」という前提で、クライエントのなかで生じていることをクライエント自身が言葉にし、チームはそれを共有します。従来の精神科治療の中心である薬物療法と入院治療は必要最小限に留めるので、精神科医療のあり方を問い直す取り組みとして注目を集めています。

■ オープンダイアローグのプロセス

オープンダイアローグでは、クライエントや家族から連絡をもらって24時間以内に治療チームが自宅を訪問し、対話を繰り返します。対話の場であるミーティングには、クライエント、医師、看護師、心理職などの専門家スタッフだけではなく、家族や職場の人たちなど、クライエントにかかわる人なら誰でも参加できます。対話の目的は何かを決定することではなく、「対話を続け、広げ、深めること」にあるといわれています。議論や説得、説明は、対話の妨げになるので慎みます。「この人はどんな世界に住んでいるんだろう？」とクライエントから教えてもらう姿勢が大切で、それを客観的事実で批判・検証するようなことはしません。治療スタッフはクライエントや家族の訴えを聞き、当事者の目の前で意見交換をし、クライエントと家族はそれについての感想を伝えます（**リフレクティング**）。1回のミーティングは1時間〜1時間半程度となります。

オープンダイアローグの七つの原則

1. すぐに応じる（Responding immediately）
　危機的な状態となったら、すぐにミーティングを開く（通常は24時間以内）。危機状態にあるクライエントが話す内容は理解しづらいかもしれないが、彼らがそれまで言葉にできなかった体験が語られることもある。危機だからこそ表現されるクライエントのテーマに、注意深く耳を傾ける

2. 社会的ネットワークが参与する（Including the social network）
　社会的ネットワークには、クライエント本人と家族、彼らの近くにいる重要な人たちすべてが含まれる。クライエントに身近でかかわる人々が語ることで、問題を明確にすることができる

3. 具体的で多様なニーズに柔軟に対応する（Adapting flexibly to specific and varying needs）
　緊急時には毎日ミーティングを行うが、安定したらクライエントや家族が頻度を判断するなど、クライエントの個々のニーズに合わせて柔軟な対応をする。ミーティングの場所はみんなで選び、了承が得られるならクライエントの自宅が最良である

4. 責任をもつ（Taking responsibility）
　緊急の連絡を受けたスタッフが誰であれ、すぐに最初のミーティングを立ち上げる。クライエントをたらい回しにするようなことをしない。最初に集まったチーム全員が、問題を分析し、今後の治療計画を立てる全責任を負う

5. 心理的連続性を保証する（Guaranteeing psychological continuity）
　初回のミーティングから連続性を保ち、必要な期間はずっとチームが責任をもつ。クライエントの社会的ネットワークをよく知る人物が、すべてのプロセスを通してミーティングに参加する。新しく治療技法が取り入れられる場合は、その担当セラピストもミーティングに参加する

6. 不確実性に耐える（Tolerating uncertainty）
　安心できる状況で、クライエントとまわりの人々の心理的な力を高め、自ら動き出せるようにする。早急に結論を出すようなことをしない

7. 対話性（Dialogicity）
　まずは対話を促すことが重要である。対話としての話し合いから新たな理解が開けるのであり、専門家は対話に習熟し、対話において専門性を発揮する

出典：Seikkula, J.& Arnkil,T.E.,"Dialogical Meetings in Social Networks", Routledge,2006. をもとに作成

第1章　臨床心理学をはじめて学ぶ人が知っておきたいこと

第2章　こころの基本的な仕組み

第3章　代表的な心理療法・アプローチ

第4章　臨床心理学のアセスメントと検査方法

第5章　臨床心理学の主な支援対象

第6章　臨床心理学が活きる場

第7章　臨床心理学の専門家

第8章　カウンセリングの実際

36

ACT：包括型地域生活支援プログラム

アウトリーチと地域社会に開かれたメンタルヘルスケア

　WHO（世界保健機関）によると、2019年には世界の8人に1人が精神疾患を抱えています。COVID-19 のパンデミックによって、不安障害や抑うつ障害を抱える人の数は大幅に増加しましたが、効果的なメンタルケアを受けている人はその3分の1ともいわれます。そこで注目されるのが**アウトリーチ**です。支援者が専門施設の外に出て、要支援者のもとへと出向く対人援助の形です。特に日本では、精神医療における脱施設化の遅れ、ひきこもりなどの社会問題への対応としても注目すべき領域です。地域社会に開かれたメンタルヘルスケアは、精神疾患のある人にとって単にアクセスしやすいだけでなく、よりよい回復結果と人権侵害の防止をもたらすものとして期待されています。

包括型地域生活支援プログラム（ACT：Assertive Community Treatment）とは

　ACT とは、重い精神障害を抱えた人々が住み慣れた地域社会で安心して暮らしていけるように、さまざまな専門職から構成されるチームがその人の生活現場まで出向いて支援を提供する**訪問型**の**精神医療・福祉サービス**です。1970年代にアメリカで始まり、10名ほどのチームが、100名ほどの利用者を24時間365日体制で支援します。

　臨床心理学は、個人の内的世界を大切にします。しかし、それは個室での1対1のカウンセリングだけで行われることではありません。ACT はこれからの対人援助を考えるうえで注目される活動です。アウトリーチにおける臨床心理学・心理職の役割は「何をするか」というよりも「どのようにこころ・人間を見るか」という側面にこそ活かされるでしょう。そこでは要支援者だけでなく、チーム全体をアセスメントすること、葛藤や対立、混乱が生じた際の調整・連携をすることなどが大切な役目といえます。

ACT：包括型地域生活支援プログラム 図

精神病床数と平均在院日数推移（諸外国との比較）

	人口千人当たりの精神病床数		平均在院日数	
	2010年	2020年	2010年	2020年
ベルギー	1.47	1.41	10.3	9.3
カナダ	0.36	0.37	17.3	19.1
フィンランド	0.75	0.38	39.9	21.2
フランス	0.88	0.8	5.9	25.3
ドイツ	1.18	1.3	24.2	26.5
イタリア	0.1	0.08	14	14.6
日本	2.71	2.57	301	277[*1]
ノルウェー	1.34	1.01	3.2	17.2
スウェーデン	0.48	0.4	15.6	15
スイス	1.01	0.94	32.7	27.5
イギリス	0.54	0.34	47.9	35.2[*2]

*1：2022年は299.8（厚生労働省「病院報告　令和4年1月分概数」）　*2：2018年のデータ

➡ 世界的に見て、日本における精神科医療の脱施設化はかなり遅れている。

多職種連携によるアウトリーチ

作業療法士
薬剤師

臨床心理士
公認心理師

要支援者と家族の日常生活にかかわる
専門的視点＋専門性を超えた柔軟さ

医師、看護師

精神保健福祉士
就職支援専門家

第1章　臨床心理学をはじめて学ぶ人が知っておきたいこと

第2章　こころの基本的な仕組み

第3章　代表的な心理療法・アプローチ

第4章　臨床心理学のアセスメントと検査方法

第5章　臨床心理学の主な支援対象

第6章　臨床心理学が活きる場

第7章　臨床心理学の専門家

第8章　カウンセリングの実際

37
統合的心理療法

多様なクライエントの問題に対応するために

臨床心理学は**精神分析**（深層心理学派）、**来談者中心療法**（人間性心理学派）、**認知行動療法**など、多様な理論的・実践的発展を遂げてきました。一つの理論・技法を究めていくことも大切ですが、臨床現場で多様なクライエントと向き合うときには、多様な理論や技法を身につけていることで理解と援助の幅が広がります。また、近年では SNSやオンラインを通じたカウンセリングなども盛んになり、クライエントの多様化と社会の変化に応じて臨床心理学の形もまた変化していかなくてはなりません。

統合的心理療法とは、多様な臨床心理学理論によって、個々のクライエントやその問題を多角的、多層的にアセスメントすること、そして、その見立てに応じて適切な技法を的確に活用していく心理療法の形です。とはいえ、バイリンガルの人にも母国語が必要なように、特定の理論に精通することは多様な心理療法の理論と技法を統合していくために大切なものです。さまざまな技法を行き当たりばったり、ごちゃまぜに用いることは決してクライエントの利益になりません。奥行や深みを生み出す色の塗り重ねと、混色とが全く異なるようなものです。

心理療法の「共通要因」

さらに臨床現場において、どのような理論や技法を用いるかということ以上に重要なのが、クライエントとカウンセラーの協働的な関係性、**肯定的関心**や**共感的理解**など、理論や技法の違いを超えた共通要因のはたらきです。信頼関係がなくては、どれほど有効な技法を用いたとしても、効果的ではないでしょう。信頼関係をしっかり築き、的確な見立てに応じて、有効な技法を選択することが統合的心理療法だといえます。

第1章 臨床心理学をはじめて学ぶ人が知っておきたいこと

第2章 こころの基本的な仕組み

第3章 代表的な心理療法・アプローチ

第4章 臨床心理学のアセスメントと検査方法

第5章 臨床心理学の主な支援対象

第6章 臨床心理学が活きる場

第7章 臨床心理学の専門家

第8章 カウンセリングの実際

心理療法を統合する

・転移／逆転移の理解
・描画療法
・箱庭療法　など

深層心理学
理論

人間性心理学
理論

・自己一致
・肯定的関心
・共感的理解　など

統合的見立て
介入技法の検討

認知・行動
理論

家族療法
理論

・系統的脱感作法
・自律訓練法
・ホームワーク　など

・リフレーミング
・ジョイニング　など

多様な技法を、統一的視点によって用いる

不安で、ついつい暴飲暴食してしまいます。

人に頼るのも苦手です。

性格・発達特性は？
認知・行動面は？
家族関係は？
無意識のこころのはたらきは？
そして、この人の困りごとの中核は何か？

非言語的な心理療法が向いているかもしれません。
箱庭をつくってみませんか？

38

SNSカウンセリング

SNSを用いたこころの支援

LINE や X（旧 Twitter）などの **SNS（Social Networking Services）を活用して行われるカウンセリング**を SNS カウンセリングといいます。SNS カウンセリングは、遠隔心理支援（電話、メール、ビデオ通話などを用いたカウンセリング）の一つに位置づけられます。SNS は、近年、若い世代を中心に主要なコミュニケーション・ツールになりました。そして、悩みや苦しみといった個人の内面もまた、SNS を通して多く発信されるようになっています。このような社会情勢を背景に、SNS カウンセリングは、新しい形態の心理相談として発展してきています。

SNSカウンセリングの特徴

SNS カウンセリングには、**非対面であること、匿名であること、一回性のものであること**など、独自の特徴があります。このような特徴から、SNS カウンセリングは、心理相談への抵抗を低くし、悩みを抱えたときに相談につながりやすいというメリットがあります。その一方、相談者のモチベーションが低かったり、悩みの内容が漠然としていたりするケースが多くなる可能性もあります。ただ、このようなデメリットをふまえてもなお、従来のカウンセリングではカバーできなかった心理相談に対応できるという点で、SNS カウンセリングの意義は大きいものと考えられます。SNS カウンセリングは、新しいカウンセリングの方法として始まったばかりの段階にあります。メリット・デメリットを含めてその特徴をよく検討し、SNS カウンセリングの可能性をさらに発展させていくことがこれからの課題といえるでしょう。

SNSカウンセリング 図

SNSカウンセリングの広がり

いじめ相談

いのちの相談

子育て
親子のための相談

女性のための相談

災害にかかわる
こころのケア

産業カウンセリング

SNSカウンセリングの特徴

抵抗感が低い

相談者のモチベーションが
あいまいなことがある

アクセスしやすい

非対面

相談以外のことが
同時にできてしまう
（ながら相談）

匿名

一回性

悩みを
打ち明けやすい

言葉以外の情報
（表情や姿勢、雰囲気など）
を得られない

SNSカウンセリングの事例

高校生の A さんは、夜になると、漠然と気分が沈み、消えてしまいたい気持ちになりました。そして、そのような気持ちをうまく言葉にできず、誰にも相談できずにいました。ある夜、たまらない気持ちになって、SNS カウンセリングにアクセスしてみました。カウンセラーはすぐに応答して、A さんの気持ちを受け止めてくれました。A さんは、気持ちを言えたことで、一定の安心を得て眠ることができました。

第1章 臨床心理学をはじめて学ぶ人が知っておきたいこと

第2章 こころの基本的な仕組み

第3章 代表的な心理療法・アプローチ

第4章 臨床心理学のアセスメントと検査方法

第5章 臨床心理学の主な支援対象

第6章 臨床心理学が活きる場

第7章 臨床心理学の専門家

第8章 カウンセリングの質問

39

オンラインカウンセリング

COVID-19とオンラインカウンセリングの普及

　2019年から2023年にかけて、人類史に残る COVID-19のパンデミックと感染拡大予防が契機となり、対面を主として行われてきた臨床心理学の実践にも大きな変化が迫られました。そこで急速に広がったのが Zoom、Google Meet、Microsoft Teams、Skypeなどのオンラインビデオ会議システムを利用した**オンラインカウンセリング**です。

新しい心理支援としてのオンラインカウンセリング

　オンラインカウンセリングの導入により、自宅からでもスマホやタブレット、PC を用いて遠隔での心理面接が可能となりました。遠方から、あるいは外出しなくても面接を受けられる、時間を効率的に使えるなどといった大きな利点もありますが、デメリットや留意すべき点があるのも事実です。

　たとえ個室からであっても、隣室にいるかもしれない家族に関する悩みを自宅で自由に語るのは難しいものです。また、対面をあえて希望するクライエントは「自宅で悩みを話すと、しんどいことを引きずってしまう」「日常生活とカウンセリングとの切り替えがしにくい」などと言います。主観的現実と客観的事実との区別がしにくい人の場合、その人の**内的世界の安定を揺るがすことにならないか**留意が必要であり、見立てが重要になってきます。視線や姿勢の動きをつかみづらいなど、**面接に関連した非言語的情報が限定されること**は、カウンセラーの立場からも大きなデメリットです。ただ、言語のやりとりに限れば、オンラインでも十分な交流ができます。オンラインカウンセリングは従来の対面型心理療法の代替品というよりも、それとは異なったものとしてとらえ、新しい心理支援の一つとしてそのあり方を考えていく必要があるでしょう。

遠隔心理支援（テレサイコロジー：telepsychology）のいろいろ

電話、メール・SNS・チャット、ビデオ通話、手紙など

オンラインカウンセリングのメリットとデメリット

メリット	デメリット、留意すべき点
遠方から、海外からでも利用可能	Web環境や機器の不具合（接続中断、遅延など）
カウンセリング機関が少ない地方や僻地でも利用可能	音声や映像の調整が必要（照明やカメラ、マイクの位置など）
療養中など、外出しなくても利用可能	情報セキュリティ対策、録画や録音の防止
人目を気にせず、誰にも知られず相談できる	音声が聞き取りづらかったり、表情やしぐさが見えにくい場合も
交通費がかからない	タイムラグがあり、発話のタイミング、間の取り方が難しい
時間的制約が少ない	沈黙や空気感が許容しづらい
対面での受付時間に間に合わない場合も利用可能	箱庭や描画など、非言語的な治療技法を利用しづらい
満足度や治療効果において対面に劣らない	プライバシーが守られにくい、日常生活と地続きの場で相談する
対面して話し合うスタイルが苦手な人も利用しやすい	相談しながら別のことができるなど、枠組みが崩れやすい
	同席していないため、自殺企図などの緊急対応が難しい場合がある
	カウンセリングからドロップアウトしやすい（特に面接初期）

どちらともいえない点

自分の映像を消すことや画像の加工ができる

匿名・個人情報を伝えなくても相談できることも

カウンセリングを受けるという心理的ハードルが低い

行き帰りの物思いにふける時間がない

気疲れしにくい（対人的圧力が低い）

面接前後の余白・余韻が生じづらい

匂いを感じない

第1章 臨床心理学をはじめて学ぶ人が知っておきたいこと

第2章 こころの基本的な仕組み

第3章 代表的な心理療法・アプローチ

第4章 臨床心理学のアセスメントと検査方法

第5章 臨床心理学の主な支援対象

第6章 臨床心理学が活きる場

第7章 臨床心理学の専門家

第8章 カウンセリングの実際

第3章参考文献

- 石丸径一郎・金吉晴『PTSDに対する持続エクスポージャー法』精神保健研究第55号、pp.89-94、2009年
- R.ドライカース、宮野栄訳『アドラー心理学の基礎』一光社、1996年
- R.ハリス、武藤崇監、三田村仰・酒井美枝・大屋藍子監訳『使いこなすACT』星和書店、2017年
- R.ハリス、武藤崇監訳、武藤崇・岩渕デボラ・本多篤・寺田久美子・川島寛子訳『よくわかるACT──明日からつかえるACT入門』星和書店、2012年
- 平木典子・藤田博康編『キーワードコレクション カウンセリング心理学』新曜社、2019年
- 岸本寛史編『臨床バウム──治療的媒体としてのバウムテスト』誠信書房、2011年
- 上地雄一郎『メンタライジングアプローチ入門─愛着理論を生かす心理療法』北大路書房、2015年
- 山上敏子『新訂増補 方法としての行動療法』金剛出版、2016年
- 山上敏子『行動療法』岩崎学術出版社、1990年
- 久保紘章『セルフヘルプ・グループ──当事者へのまなざし』相川書房、2004年
- 乾吉佑・氏原寛・亀口憲治・成田善弘・東山紘久・山中康裕編『心理療法ハンドブック』創元社、2005年
- Foa,E.B., Keane,T.M., Friedman,M.J.&Cohen,J.A. 編、飛鳥井望監訳『PTSD治療ガイドライン　第2版』金剛出版、2013年
- 倉西宏『遺児における親との死別体験の影響と意義──病気遺児、自死遺児、そして震災遺児がたどる心的プロセス』風間書房、2012年
- 高木俊介『増補新版 ACT-Kの挑戦──ACTがひらく精神医療・福祉の未来』批評社、2017年
- P.ワクテル、杉原保史訳『心理療法の統合を求めて──精神分析・行動療法・家族療法』金剛出版、2002年
- 野坂祐子『トラウマインフォームドケア　"問題行動"を捉えなおす援助の視点』日本評論社、2019年
- OECD Health Statistics 2022

臨床心理学の
アセスメントと検査方法

01

こころの問題を
アセスメントする

■ 心理的援助の要としてのアセスメント

　心理アセスメントとは、①主訴（今抱えている悩みや困難）を含めたクライエントの全体像を理解し、②適切な援助指針を立案し、③面接経過のなかで援助効果を検証し、④予後・見通しを立てることを指します。クライエントの主訴は、認知や感情、イメージなどの**心理的要因**のみから生じるとは限りません。身体疾患や脳・神経の障害といった**生物学的要因**に加え、家族関係、学校や職場での人間関係、文化の違い、経済的な困窮などの**社会的要因**も大きくかかわります。そこで、多次元的な視点から情報を収集し、理解につなげることが重要になります。その際に役立つのが、**生物・心理・社会（BPS）モデル**です。また、心理アセスメントは、クライエントとカウンセラーとの関係のなかで行われる場合が多いため、互いの影響を排除することはできず、それによって結果が左右されることもあります。そのため、カウンセラーは、自分というフィルターを通した理解であるとの自覚のもと、クライエントを前に自身の内面に生じてくる感情や感覚をつぶさにとらえ、クライエント理解の手がかりとして活用することが求められます。

■ 心理アセスメントの方法

　心理アセスメントの方法は、**面接法・観察法・心理検査**の三つに大別されます。面接法では、クライエントの様子を確認しながら、適切な質問を選択し、応答を踏まえて、さらに詳しく尋ねたり話題を切り替えたりしながら、クライエントの語りに耳を傾けます。観察法では、クライエントの行動を中心に、服装や態度、姿勢、表情、視線の向き、声の大きさ・高さ、話のテンポなど非言語的な表現を観察・分析します。心理検査では、精神現象を数量的データとして測定することで、客観的に個人の特性を理解します。

生物・心理・社会モデルと心理アセスメントの方法の特徴 図

生物・心理・社会（BPS）モデル

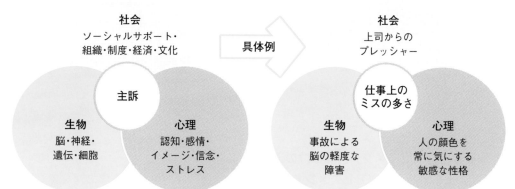

社会
ソーシャルサポート・
組織・制度・経済・文化

主訴

生物
脳・神経・
遺伝・細胞

心理
認知・感情・
イメージ・信念・
ストレス

具体例

社会
上司からの
プレッシャー

**仕事上の
ミスの多さ**

生物
事故による
脳の軽度な
障害

心理
人の顔色を
常に気にする
敏感な性格

生物・心理・社会モデル

クライエントの主訴は、心理的要因と生物学的要因と社会的要因の三つの側面から把握する
必要がある。つまり、主訴は、生物・心理・社会の各要因が重なるところに位置し、そこから現
れてくると考えられる

面接法・観察法・心理検査の特徴と留意点

	特徴	留意点
面接法	●詳細なデータの収集が可能である 	●数量化が困難で、主観が含まれやすい ●主訴と同時に、現在クライエントがおかれている環境、生育環境、家族構成、病歴などの事実関係を確実に押さえ、主訴の要因がどこにあるかを周辺情報から把握する必要がある ●体格や服装、顔色、表情、視線、話し方のテンポ・抑揚、動作、態度などの非言語的表現を観察し、それらから得られる情報も含めて、クライエントの状態を理解することも大切である
観察法	●言語を用いたコミュニケーションが困難な対象にも適用可能である	●観察者の主観が含まれやすい ●観察者側に明確な視点と基準がないと、その後の解釈が不明瞭になりがちである
心理検査	●複雑な精神現象を数量化することで、個人の特性を客観的に理解することが可能である ●心理療法の導入・経過・効果の判定に有効である	●心理療法は、カウンセラーの主観に傾いてしまう場合があるため、心理検査によって客観性を保つことが必要になる ●被検者・検査者の気分・態度、検査者の技術によって、結果が変動する ●検査の施行・解釈に熟練を要する

第1章 臨床心理学をはじめて学ぶ人が知っておきたいこと

第2章 こころの基本的な仕組み

第3章 代表的な心理療法・アプローチ

第4章 臨床心理学のアセスメントと検査方法

第5章 臨床心理学の主な支援対象

第6章 臨床心理学が活きる場

第7章 臨床心理学の専門家

第8章 カウンセリングの実際

02

臨床面接と見立て

診断と心理アセスメント（見立て）の違い

　医師による診断と**心理アセスメント**の間の大きな違いは、診断が疾病に対してなされるのに対し、心理アセスメントは、クライエントという **"一人の人間の全体像"** に対してなされるという点にあります。また、心理アセスメントでは、病理や問題だけでなく、**ポジティブな特徴、可能性**も含めて、クライエントを立体的に理解していきます。

　さらに、日本では、心理アセスメントとほぼ同義語として、土居健郎が提唱した「**見立て**」（1977）という概念も普及しています。「見立て」は、クライエントとセラピストの関係性を基盤としてクライエントを全体的に理解しようとする概念であり、**診断的要素と治療的要素**を備えています。そのため、見立て次第で治療の成果は大きく左右されることが指摘されています。つまり、心理アセスメント（見立て）なしで援助を行うことは、海図を持たないまま航路に出るような危険性を孕んでいるといえます。

臨床面接と心理アセスメント

　初回の臨床面接では、悩みや困難を丁寧に聴きながら、クライエントの人生にも視野を広げ、悩みや困難の本質をどのように理解すればよいのか、その改善・解決には何が必要なのかを一緒に考えていきます。その際、クライエント本人が自覚していない部分もあるため、心理検査の出番となります。また、心理アセスメントは、決して一回きりのものではありません。心理療法の途中、終了時にも実施し、クライエント理解を深め、援助方針を修正するだけでなく、効果の検証も行います。つまり、心理アセスメントは、あくまで仮説であり、かかわりを通して仮説を立て、はたらきかけ、その結果によって仮説を修正していくように、援助と密接に関連し合うプロセスといえます。

プロセスとしての見立て 図

見立てと支援の密接な関連性

```
面接法・観察法
```

主訴
悩み・困難・課題

情報の
整理・統合

解釈
支援効果の検証

**クライエントの
全体的理解**
援助方針の立案・修正

心理検査

援助の実施

見立ての深まりのイメージ

見立てが不十分であると
クライエントの悩みや困
難の本質がみえにくい

クライエントの全体像が
みえることで、効果的な
援助方針を検討できる

見立ての深まり

第1章 臨床心理学を
はじめて学ぶ人が
知っておきたいこと

第2章 こころの
基本的な
仕組み

第3章 代表的な心理療法・
アプローチ

第4章 臨床心理学の
アセスメントと
検査方法

第5章 臨床心理学の
主な支援対象

第6章 臨床心理学が
活きる場

第7章 臨床心理学の
専門家

第8章 カウンセリ
ングの実際

03

発達検査

発達検査とは？

　発達検査は、乳幼児から幼児期の子どもの発育状態を把握するための検査です。**津守・稲毛式乳幼児精神発達質問紙**のように、養育者からの聴き取りによって行うものと、**新版K式発達検査**のように、実際に検査者が子どもに検査を実施して行うものがあります。発達検査の多くは、運動発達、身辺自立、社会性、言語や数の概念などの認知・言語発達などを検査します。子どもの生活年齢に対して、標準的な発達を問う項目がどれくらい達成できているか、検査領域間のバランスはどうかという視点から分析し、発達障害の発見や療育、就学相談などのための参考データとして利用することができます。

発達検査における留意点

　発達検査を行う際には、その方法と解釈に慎重にならなければなりません。なぜなら、発達検査は、年齢の低い子どもを対象としているので、検査時の体調の良し悪しで結果が変わることも十分考えられるからです。検査時には、適度な制限をかけつつも、課題の間に出てくる子どもの自由な表現に耳を傾け、そこからも、子どもの発達状態を理解していくことが大切です。

　大人と比べて子どもは、自分の体験を言葉で表現することがうまくできないことがあります。そのため、発達検査では、検査時の行動に着目するとともに、子どもの既往歴や生育環境など、養育者から得られる情報を総合的に踏まえ、検査結果を検討することが非常に重要になります。さらに、強調したいのは、発達検査は、数値が大切なのではなく、検査結果をその子どもの理解のための資料として、子どもが抱える発達上の不利益を取り除き、発達を促進する目的に利用されて初めて意味をもつということです。

第1章 臨床心理学をはじめて学ぶ人が知っておきたいこと

第2章 こころの基本的な仕組み

第3章 代表的な心理療法・アプローチ

第4章 臨床心理学のアセスメントと検査方法

第5章 臨床心理学の主な支援対象

第6章 臨床心理学が活きる場

第7章 臨床心理学の専門家

第8章 カウンセリングの実際

発達検査の主な検査領域

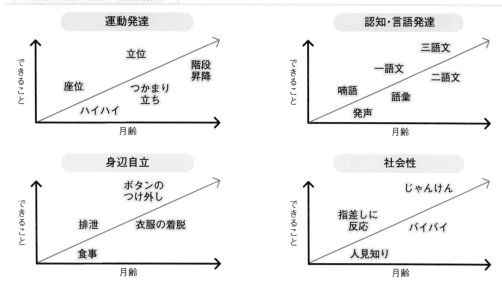

運動発達

できること / 月齢

ハイハイ / 座位 / つかまり立ち / 立位 / 階段昇降

認知・言語発達

できること / 月齢

発声 / 喃語 / 語彙 / 一語文 / 二語文 / 三語文

身辺自立

できること / 月齢

食事 / 排泄 / 衣服の着脱 / ボタンのつけ外し

社会性

できること / 月齢

人見知り / 指差しに反応 / バイバイ / じゃんけん

発達検査と養育者からの聴き取りの組み合わせの重要性

子どもの検査

＋

養育者からの聴き取り
子どもの既往歴・生育歴など

●発達検査は、心身の発達について個人の発達が早いか遅いかを判断するためのもので、知能検査の役割はしない
●定型発達と区別されるような知的な遅れや社会性の未熟さなどを早期に発見する手助けとはなるが、結果を絶対視してはならない

04

知能検査

● 知能検査のはじまり

　世界初の知能検査は、フランスのビネー（Binet,A.）によって1905年に開発されました。この**ビネー式知能検査**は、元々知的な障害のある子ども達に対して小学校教育を行うために、まず障害の程度を明らかにしようという教育的配慮から誕生しました。その後、ウェクスラー（Wechsler,D.）が、知能を因子の集まりととらえるという新たな知能観のもと、知能構造を詳しく調べる**ウェクスラー式知能検査**を開発しています。

● 知能検査において大切なこと

　多くの知能検査では、**知能指数（IQ）**が算出され、IQ＝100を標準とし、知能の高低が判断されることになります。IQ は重要な結果ではありますが、その数値が一人歩きしてしまう危険性に注意しなければなりません。そのため、知能検査では、IQ だけで判断すべきではなく、検査項目の一つひとつの反応に立ち返って、そこに必要とされる能力を考える必要があります。そのうえで、どの検査項目ができて、どれができていないかを検査全体のなかでとらえ、その個人にとっての得意・不得意を見出し、そこに共通した知能がどのような状態であるかを考えていくことが求められます。

　世界初の知能検査の成り立ちに戻ると、そこには、「分ける」という目的があり、一歩間違えれば「差別」につながる可能性があります。しかし、「分ける」ことは、適切な教育・支援が受けられるようになるなど、個人の可能性を広げることにもなります。もちろん、「分ける」ことだけが、知能検査の目的ではありませんし、検査結果でその人の知能すべてを判断できるわけではありません。あくまでも、知能のなかでも限られた能力だけがわかるに過ぎないと肝に銘じ、解釈は慎重に行う必要があります。

WAIS-Ⅳ、WISC-Ⅴ の概要 図

 2008年、WAIS-Ⅳ（成人用のウェクスラー式知能検査）が出版され、2018年、日本版WAIS-Ⅳ刊行委員会によって日本版WAIS-Ⅳが標準化されました。また、2014年、WISC-Ⅴ（児童用ウェクスラー式知能検査）が出版され、日本でも2021年に標準化されました。

WAIS-Ⅳの概要

	全検査 IQ（FSIQ）			
指標得点	言語理解指標（VCI）	知覚推理指標（PRI）	ワーキングメモリー指標（WMI）	処理速度指標（PSI）
基本検査	類似 単語 知識	積木模様 行列推理 パズル	数唱 算数	記号探し 符号
補助検査	理解	バランス （16～69歳のみ） 絵の完成	語音整理 （16～69歳のみ）	絵の末梢 （16～69歳のみ）

WISC-Ⅴの概要

	全検査 IQ（FSIQ）				
主要指標	言語理解指標 （VCI）	視空間指標 （VSI）	流動性推理指標 （FRI）	ワーキングメモリー指標（WMI）	処理速度指標 （PSI）
主要下位検査	類似 単語	積木模様 パズル*	行列推理 バランス	数唱 絵のスパン*	符号 記号探し*
二次下位検査	知識 理解		絵の概念 算数	算数 語音整列	絵の抹消

＊の三つは、FSIQ（全検査 IQ）算出に必要ではない主要下位検査。残り七つは、FSIQ 算出に必要な主要下位検査。

①言語理解指標（VCI）	言語による理解力、推理力、思考力に関する指標。これらの力により、言語を使ったコミュニケーションをとり、言葉で説明したり推論したりする力を測る
②視空間指標（VSI）	空間認識力、部分と全体関係の統合などに関する指標
③流動性推理指標（FRI）	概念的関係を視覚的に把握したり、帰納的な推理をしたりする力に関する指標
④ワーキングメモリー指標（WMI）	一時的に情報を記憶しながら処理する能力に関する指標。ワーキングメモリーは口頭での指示を理解する力、読み書き算数といった学習能力、集中力に大きくかかわる
⑤処理速度指標（PSI）	情報を処理するスピードに関する指標。マイペースで切り替えが苦手な場合は、得点が低くなることがある

第1章 臨床心理学をはじめて学ぶ人が知っておきたいこと

第2章 こころの基本的な仕組み

第3章 代表的な心理療法・アプローチ

第4章 臨床心理学のアセスメントと検査方法

第5章 臨床心理学の主な支援対象

第6章 臨床心理学が活きる場

第7章 臨床心理学の専門家

第8章 カウンセリングの実際

05

性格検査

性格検査の分類と質問紙法の特徴

性格検査は、被検者の性格を測定するための心理検査で、形式から、主に**質問紙法・投映法**（➡ p.122）・**作業検査法**（➡ p.124）に分類されます。ここでは、三つのなかで最も簡便な質問紙法について紹介します。

質問紙法は、性格や態度、行動上の特徴、心身の状態などについて、具体的な例に沿って質問し、「はい・いいえ・どちらでもない」などの複数の選択肢から回答を選んでもらい、その結果を集計してアセスメントする方法です。質問紙法には、短時間で簡単に実施でき、実施に検査者の影響が出にくいという特徴があります。また、回答を数量的に統計処理するため、検査者による解釈の違いが生じず、比較的客観的なデータが得られます。一方で、面接法や投映法に比べて測ろうとしている内容を被検者が予測しやすいため、回答を意図的あるいは無意識的に操作することができます。この点については、被検者が意図的に回答を操作しているかどうかを確かめる尺度（虚偽尺度）を入れる工夫がなされている場合もあります。また、質問紙は、被検者の言語能力に大きく依存しており、被検者によっては質問の内容を誤ってとらえることもあります。

臨床場面でよく使用する質問紙法

Y-G性格検査（矢田部ギルフォード性格検査）は、全120項目への回答から12因子のプロフィールが示され、さらに性格が5類型に判別されて、その人の全般的性格傾向が推定されます。**MMPI**（ミネソタ多面的人格目録）は、全550項目で、人格の特徴を測る検査と被検者の受験態度によって結果が歪められていないかどうかを測る検査から構成されています。

性格検査の主な三つの方法における長所と短所

	質問紙法	投映法	作業検査法
所要時間（手軽さ）	◎ 短い	△ 長い	○ 短い
集団実施	◎ 可能	△ 個別実施が多い	◎ 可能
結果の信頼性	△ 歪曲が生じやすい	◎ 歪曲が生じにくい	◎ 歪曲が生じにくい
深層心理の分析	△ 向いていない	◎ 向いている	△ 向いていない
検査者の熟練度	不必要（採点・解釈は容易である）	必要（高度な熟練度が必要な場合がある）	必要
代表的技法	Y-G性格検査、MMPI、MPI（モーズレイ性格検査）、CMI健康調査票、エゴグラムなど	ロールシャッハ・テスト、TAT（主題統覚検査）、CAT（児童統覚検査）、SCT（文章完成法）、P-Fスタディ、箱庭、バウムテスト、HTP法、風景構成法など	内田・クレペリン精神検査、ベンダー・ゲシュタルト・テストなど

自由度と客観性からみた性格検査の位置づけ

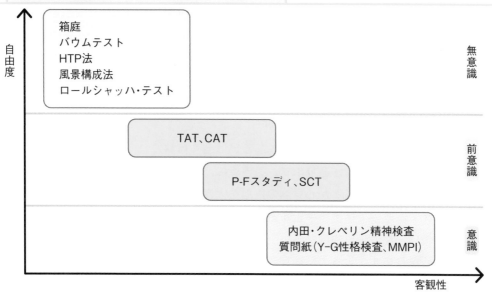

自由度

- 箱庭
- バウムテスト
- HTP法
- 風景構成法
- ロールシャッハ・テスト

無意識

TAT、CAT

前意識

P-Fスタディ、SCT

内田・クレペリン精神検査
質問紙（Y-G性格検査、MMPI）

意識

客観性

第1章 臨床心理学をはじめて学ぶ人が知っておきたいこと
第2章 こころの基本的な仕組み
第3章 代表的な心理療法・アプローチ
第4章 臨床心理学のアセスメントと検査方法
第5章 臨床心理学の主な支援対象
第6章 臨床心理学が活きる場
第7章 臨床心理学の専門家
第8章 カウンセリングの実際

06

投映法

「投映」を引き起こす検査法

　投映法は、曖昧な刺激が与えられた検査状況をどのように受け取り、反応するかをもとに、こころの世界の状態や性格特徴を導き出そうとする心理検査です。曖昧な刺激を与えられた場合、被検者は、反応の仕方を委ねられ、その刺激に類似する経験的に身近なものを自分の**こころの世界**に探し求めることになります。その結果、課題への反応には、個々人の主観的な感情の色づけや意味が付与され、こころの世界が反映されることになります。そのため、投映法は、普段意識していないこころの深い部分の状態を調べることが可能になります。このような、こころの世界の反映を「**投映**」と呼び、曖昧な状態におかれるように検査状況を設定し、被検者の「投映」のはたらきを引き起こす検査法が、投映法になります。最も有名な投映法は、**ロールシャッハ・テスト**であり、インクのしみでできた図版を見せ、「何に見えるか」を問います。その他の主な投映法としては、**TAT（主題統覚検査）**や**SCT（文章完成法）**、**描画法**などが挙げられます。

投映法の意義と危険性

　投映法は、被検者自身にも、あまり、あるいは全く自覚されていないようなこころの奥底の情報を引き出す場合があります。この点に、投映法の大きな特徴と意義が存在しています。しかし、そのことが心身への負担を大きくする危険性もあるため、被検者の様子を踏まえて、途中で検査を中止する判断も検査者には求められます。また、そもそも、投映法では、反応の自由度が高いため、個々人によって多種多様な反応が出現する可能性が高くなります。よって、検査にあたっては、解釈技術の習熟と同時に、その背景となる検査理論と人格理論にも精通していなければなりません。

第1章 臨床心理学をはじめて学ぶ人が知っておきたいこと

第2章 こころの基本的な仕組み

第3章 代表的な心理療法・アプローチ

第4章 臨床心理学のアセスメントと検査方法

第5章 臨床心理学の主な支援対象

第6章 臨床心理学が活きる場

第7章 臨床心理学の専門家

第8章 カウンセリングの実際

投映法の特徴——反応の自由度と刺激の多義性

「何に見えますか？」
（ロールシャッハ・テストに使用する模擬図版）

主な投映法

TAT
複数枚の絵を見せ、
物語をつくってもらう

SCT
不完全な文章を
完成してもらう

1. 子どもの頃、私は_____
2. 私はよく人から_____
3. 私の失敗は_____
4. 私のお母さんは_____
5. 世界は_____

　　　　　（模擬問題）

描画法
絵を描いてもらう

07

作業検査法

■ 作業検査法とは？

　作業検査法とは、計算作業や図形の模写など、比較的単純な作業に取り組んでもらい、作業量とその変化、作業内容などから性格をとらえようとする心理検査です。簡易で客観的に測定でき、信頼性も高い一方で、解釈に熟練を要し、主観が入りやすく、測定し得る性格特徴が著しく限定されます。そのため、ほかの検査との併用が望ましいです。

■ 代表的な作業検査法

　日本では、精神医学者クレペリン（Kraepelin,E.）の説をもとに、内田勇三郎が考案した**内田・クレペリン精神検査**がよく用いられています。検査方法としては、連続した数字をできるだけ早く加算していくことが求められます。そのなかで、計算が途中でしんどくなってスピードが落ちる、正答と誤答のムラが多く、特に中盤になると誤答が増えるといった個々人の特徴が生じてきます。そこで、決められた時間内の作業量、作業スピードの変化、正答率などから、処理能力、意欲や積極性、性格的なムラなどを分析します。

　また、**ベンダー・ゲシュタルト・テスト**は、児童精神科医のベンダー（Bender,L.）によって創案されました。具体的には、九つの幾何学図形の模写の正確さや描写の乱れなどから分析します。この検査の理論的基礎は、**ゲシュタルト心理学**によっています。つまり、通常まとまりをもったものとしてとらえられる図形が、人によっては、正確でなかったり歪んだりばらばらになったりしていることがあり、そこにその人の性格特徴が表現されると考えられています。この検査は、①児童の精神発達、②大脳皮質の器質的障害、③知能にも脳器質にも異常のない場合、統合失調症の疑いを鑑別する際の補助手段として有効であるとされています。

作業検査法の特徴と内田・クレペリン精神検査 図

作業検査法のメリットとデメリット

メリット	デメリット
●実施や結果の分析が、比較的容易である ●反応が客観的に把握できる ●集団で実施が可能である ●言語を媒介としないため、言語にハンディのある人にも対応可能である ●被検者に検査の意図が読み取られにくく、反応の歪曲を妨げることができる	●作業場面とよく似た場面における行動や態度にかかわる性格についてのみ判定が可能であり、検査結果の拡大解釈は危険である ●結果の判定や解釈が一義的に決められているわけではなく、検査の判定や解釈に主観が入りやすいところがある。そのため、検査者の熟練が必要である ●作業意欲の有無が、検査結果に影響する

内田・クレペリン精神検査でわかること

作業量	作業曲線	誤答
全体の計算量	1分ごとの計測量の変化	足し算の間違い

能力面の特徴	性格・行動面の特徴
・作業効率と作業をするときのテンポ ・間違いなく作業が行えるかどうか	発動性：仕事のスタートダッシュが効くかどうか 可変性：課題の変化への対応力など 亢進性：仕事に対する頑張りの強さ

※内田・クレペリン精神検査は、就職活動の際に、求職者の能力や性格をみるために用いられることがよくある

第1章 臨床心理学をはじめて学ぶ人が知っておきたいこと

第2章 こころの基本的な仕組み

第3章 代表的な心理療法・アプローチ

第4章 臨床心理学のアセスメントと検査方法

第5章 臨床心理学の主な支援対象

第6章 臨床心理学が活きる場

第7章 臨床心理学の専門家

第8章 カウンセリングの実際

08

神経心理学的
アセスメント

▶ **神経心理学的検査とは？──身体的な障害のアセスメント**

　クライエントの主訴は、必ずしもこころの内面の問題によって生じるとは限りません。例えば、仕事でミスが目立つという主訴の場合、その問題が、脳の損傷や機能低下によって、引き起こされている場合も少なくありません。脳の器質障害に気づかず、医学的対処がなされないまま、心理療法を行うことは、クライエントの利益に反することになります。そのため、**神経心理学検査**と呼ばれる心理検査を用いて、身体的な障害はできるだけ早く見つけ、クライエントを医療機関につなげることが大切になります。

▶ **代表的な神経心理学検査**

　記憶力の障害に関する検査としては、**WMS-R**（ウェクスラー記憶検査）、**RBMT**（リバーミード行動記憶検査）などがあり、検査を通して、文字の記憶、図形の模写など、視覚の運動性や認知性、構成力といった能力を測定します。言語機能に関する検査としては、**標準失語症検査（SLTA）**、**WAB 失語症検査**、**失語症検査（SALA）**があり、話す・聞く・読み書き・計算に関する能力を検査し、それぞれがどのような症状であるかを見極めていきます。意識の集中、注意の維持に関する検査としては、**TMT-J**、**標準注意検査法（CAT）**、**標準意欲評価法（CAS）**などがあり、たくさんの刺激のなかに埋め込まれた図形や数字などを発見してもらう課題を用います。また、認知症スクリーニング検査としては、**ミニメンタルステート検査（MMSE）**と改訂長谷川式簡易知能評価スケール（HDS-R）がよく使用されます。HDS-R が、質問形式のみの検査であるのに対して、MMSE は、動作性検査（目で見たものを理解し、手を使って構成する力、素早く正確に描く力といった、作業を行うための能力を測定する検査）も含んでいます。

神経心理ピラミッド

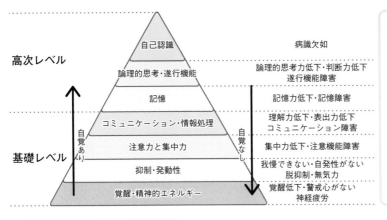

高次レベル		
	自己認識	病識欠如
	論理的思考・遂行機能	論理的思考力低下・判断力低下 遂行機能障害
	記憶	記憶力低下・記憶障害
	コミュニケーション・情報処理	理解力低下・表出力低下 コミュニケーション障害
基礎レベル	注意力と集中力	集中力低下・注意機能障害
	抑制・発動性	我慢できない・自発性がない 脱抑制・無気力
	覚醒・精神的エネルギー	覚醒低下・警戒心がない 神経疲労

自覚あり　自覚なし

神経心理ピラミッドは、後天性脳損傷による高次脳機能障害への対応を考える際に、多くのヒントを与えてくれる。この図は、認知機能が階層構造を形成し、かつ、下の階層にある機能は、その上にあるすべての機能に影響を及ぼすことを示している。例えば、記憶を正しく機能させるには、記憶機能だけでなく、その下位にある情報処理や注意力、抑制や発動性、覚醒などにも配慮が必要になる

各心理機能と関連脳部位

心理機能	主たる関連脳部位	主な臨床症候（名）	主な検査
見当識・知能	大脳皮質全般	失見当識：自分の名前や年齢、立場、日時、曜日、自分と周囲との関係などを把握する能力が障害された状態 知能低下	WAIS- IV、WISC- V
言語	上側頭回、下前頭回など言語領域	失語症：「聴く」「話す」「読む」「書く」といった言葉のはたらきすべてに何らかの困難さが生じる症状 失読症：書かれた文字列を正しく読むことができない症状	SLTA、WAB 失語症検査、SALA
記憶	海馬を含む側頭葉内側面	健忘症（エピソード記憶障害）：「昨日どこに行って何を食べたか」など、個人が経験した出来事に関する記憶が障害された状態 意味記憶障害：言葉や物の意味など、いわゆる知識が失われる障害	WMS-R、RBMT
注意	前頭葉、頭頂葉、右半球頭頂葉	注意障害：注意散漫でほかの刺激に気が移りやすく、一つのことに集中できなくなる障害	TMT-J、CAT・CAS
実行機能（遂行機能）	前頭葉	実行（遂行）機能障害：目標を設定し、そのプロセスを計画、効果的に行動していくことができなくなる障害など	BADS、KWCST（慶應版ウィスコンシンカードソーティングテスト）
視覚性認知	後頭葉、下側頭回	失認：感覚障害がないにもかかわらず物体や人の顔などが認知できない症状	VPTA、DTVP
行為	下頭頂小葉、前頭葉内側面	失行症：単純な運動を誤って行ったり、手渡された物品（道具など）を誤って扱ったりする動作や行為がみられる症状 着衣障害：運動麻痺などがないにもかかわらず衣服を正しく着る動作ができなくなる症状	SPTA（標準高次動作性検査）
認知症	タイプによって異なる	認知症（アルツハイマー型、血管性、レビー小体型、前頭側頭型など）	MMSE、HDS-R

第1章 臨床心理学をはじめて学ぶか知っておきたいこと
第2章 こころの基本的な仕組み
第3章 代表的な心理療法・アプローチ
第4章 臨床心理学のアセスメントと検査方法
第5章 臨床心理学の主な支援対象
第6章 臨床心理学が活きる場
第7章 臨床心理学の専門家
第8章 カウンセリングの実際

09

心理検査の活用と留意点

テスト・バッテリー

　心理検査は、種類によってとらえられる心理学的領域が異なり、一つの検査が万能というわけではありません。より緻密なアセスメントをするためには、常にいくつかの心理検査を組み合わせて包括的に検討することが推奨されます。これを**テスト・バッテリー**といい、検査者は、検査の種類や順番を吟味する必要があります。また、心理検査だけでなく、行動観察法や面接法を組み合わせることも大切になってきます。

心理検査の留意点

　心理検査を実施する際には、まず、**検査を拒否できる権利**を保障する必要があります。また、心理検査を受けることが、その被検者の利益よりも不利益が多い場合には、実施しないという判断も必要になってきます。検査等で得られた情報を分析する際には、被検者の気持ち・状態・検査状況等も踏まえて、結果を理解する姿勢が求められます。その際、結果に現れた矛盾点や可能性は、被検者をより立体的に理解することにつながります。

　そこで、所見にはポジティブな側面、ネガティブな側面の両方を含め、総合的に理解できるようにします。フィードバックの際には、被検者によって、伝える内容や表現を変える必要があります。被検者には、現時点で受け止めやすい内容に留め、時機を見て、その他の内容を伝える場合もあります。また、知能検査の数値などは、ひとり歩きすることがあるため、被検者には直接伝えず、その数値が意味する内容を丁寧に伝えることも多くあります。「しんどい面もあったけれども、自己理解が進んだ」など、被検者に、心理検査を受けてよかったと思ってもらえることが重要です。

第1章 臨床心理学をはじめて学ぶ人が知っておきたいこと

第2章 こころの基本的な仕組み

第3章 代表的な心理療法・アプローチ

第4章 臨床心理学のアセスメントと検査方法

第5章 臨床心理学の主な支援対象

第6章 臨床心理学が活きる場

第7章 臨床心理学の専門家

第8章 カウンセリングの実際

心理検査の五つのステップ 図

Step1 受理

被検者の基礎情報を把握するとともに、被検者が依頼者ではない場合、依頼者（例えば、医師）が心理検査に求めることを確認し、申込みを受けつける

Step2 アセスメントの計画

受理の段階で得られた情報をもとに、アセスメントの計画を立てる。その際、心理検査の種類や順番を吟味し、被検者をアセスメントするのに適切なテスト・バッテリーを組む。また、心理検査の実施が被検者の不利益になると考えられる場合、検査を実施しない判断を下すこともある

Step3 心理検査の実施

心理検査を実施する前には必ず、検査を拒否する権利があることを被検者に保障する。その後、面接法・観察法を組み合わせつつ、心理検査における課題への取り組みを通して、必要な情報を得る。心理検査終了時には、被検者に労いの言葉をかける

Step4 結果の分析

検査課題の結果だけでなく、被検者の気持ち・状態・検査状況を踏まえて、結果を分析する。所見を書く際には、誰に向けて書くのかによって、報告する内容を吟味する必要がある。また、ポジティブな側面、ネガティブな側面の両方を含め、被検者にとって役立つ所見を目指す

Step5 結果のフィードバック

被検者が心理検査の結果を最大限活かせるような形で、結果を伝えていく。被検者にフィードバックする際には、結果によっては、現時点において、被検者が受け止めていけそうな内容に絞って伝えることもある。また、援助者に対しては、被検者を支援していく際の具体的な方針を伝えるようにする

第 4 章参考文献

● 森田洋司・清永賢二『新訂版いじめ──教室の病い』金子書房、1994
  年

臨床心理学の主な支援対象

01

ASD
（自閉スペクトラム症）

▶ 神経発達症

神経発達症は、生まれつきの脳のはたらきの特性によって、発達の早期（多くは就学前）から、運動や知的・心理的・社会的な発達に特徴がみられる状態です。神経発達症群のなかの ASD（自閉スペクトラム症）・ADHD（注意欠如・多動症）・限局性学習症は、**発達障害**と呼ばれることもあります。

▶ ASD（自閉スペクトラム症）の特性

ASD（Autism Spectrum Disorder：**自閉スペクトラム症**）は、神経発達症の一つで、**コミュニケーション・対人関係**と**行動パターン**に独特の特徴があります。かつては、自閉症・アスペルガー症候群などと区別して呼ばれていましたが、**スペクトラム**という見方が導入されて、**共通の特性を有する連続した状態**ととらえられるようになりました。ASD の特性は発達の早期から認められ、学校や職場、そのほかの場面で、何らかの困難を生じさせます。得意なことと苦手なことの差が明確で、得意なことを伸ばして活躍する人もいますし、苦手なことにつまずいて生きにくさを感じてしまう人もいます。

▶ ASD（自閉スペクトラム症）にかかわるこころへのアプローチ

子どもの場合、**療育**（社会生活に必要な力を育むための治療と教育）や**ソーシャルスキルトレーニング**（SST）などが行われます。また、本人の成長する力や主体性が発揮されるように、カウンセリングや遊戯療法が導入されることもあります。ASD の特性のある人が、本来もっている力を発揮しながらより生きやすくなるように、本人、家族、そして周囲の人も、ともに ASD の特性を正しく理解することが大切です。

ASDとこころの支援 図

第 1 章 臨床心理学を はじめて学ぶ人が 知っておきたいこと

第 2 章 こころの 基本的な 仕組み

第 3 章 代表的な心理療法・ アプローチ

第 4 章 臨床心理学の アセスメントと 検査方法

第 5 章 臨床心理学の 主な支援対象

第 6 章 臨床心理学が 活きる場

第 7 章 臨床心理学の 専門家

第 8 章 カウンセリ ングの実際

ASDと関連領域

ADHD（注意欠如・多動症）
- 不注意
- 多動性・衝動性

ASD（自閉スペクトラム症）
- コミュニケーション・対人関係の難しさ
- 強いこだわり、限られた興味

限局性学習症
- 「読む」「書く」「計算する」などの能力が、全体的な知的発達に比べて極端に苦手

ASDの特性

コミュニケーション・対人関係の特徴

- ほかの人と気持ちや関心を共有することが苦手
- 相互的なコミュニケーションが苦手
- 人間関係をつくったり発展させたりすることが苦手

行動パターンの特徴

- 新しいことや決まりの変更が苦手で、同じ行動をとりたがる
- こだわりが強い
- 特定の物事に興味をもつ
- 特定の感覚が敏感だったり、鈍感だったりする

ASDにかかわるこころへのアプローチ

療育	遊戯療法	カウンセリング

02
ADHD
（注意欠如・多動症）

ADHD（注意欠如・多動症）の特性
ADHD（Attention-Deficit/Hyperactivity Disorder：注意欠如・多動症）は、ASD（➡ p.132）と同じく、神経発達症の一つに位置づけられます。

ADHDの特徴は、**不注意**と**多動性・衝動性**です。注意がそれやすく、集中することが苦手だったり、落ち着いていることを求められる場面で活発に動き回ったり話し出したりすることがあり、それによって学校や職場、その他の場面で何らかの困難が生じ得ます。このような特性はおおよそ12歳までにはみられますが、不注意という特徴が強くて、多動性・衝動性が目立たない場合には、大人になってはじめてADHDに気づく場合もあります。

ADHDにかかわるこころへのアプローチ
ADHDの特性のある人のなかには、不注意や多動性・衝動性といった特徴のために、家庭や学校、職場などでしばしば叱られる体験を重ね、否定的な自己イメージや傷つきを抱えていることがあります。本人だけでなく、家族や周囲の人がADHDの特性を適切に理解することが大切です。本人や周囲と協力して環境を整えることで、不注意や多動性・衝動性を減らすことができます。また、**カウンセリング**や**遊戯療法**が導入されることもあります。カウンセラーという相手がいる心理療法において、自由に語ることや遊ぶことは、本人が自分の抱える困難さや傷つきに向き合うことにつながります。また、守られた場のなかで自分のエネルギーを十分に発揮し、そうしたエネルギーを自分でうまくコントロールする力を身につけることも期待されます。

ADHDの特性

不注意

- 集中することが苦手
- 順序立てて物事に取り組むのが苦手
- 大事なものをなくしてしまう

- 注意がそれやすい
- 約束や予定を忘れてしまう

多動性・衝動性

- じっとしていられない
- ほかの人の話が終わる前に、かぶせて話し出す

- 走り回ったり、高いところに登ったりする
- 順番を待てない

ADHDにかかわるこころへのアプローチ

環境の工夫

- 注意のそれるものを置かない
- 課題を小分けにする
- こまめに休憩をはさむ
- To Doリストをつくる

養育者のはたらきかけの工夫

ペアレント・トレーニング
（家族がADHDの子どもへの対応を学ぶ）
- 具体的に指示する
- できたことを褒める
- 感情的に叱らない

遊戯療法

カウンセリング

第1章 臨床心理学をはじめて学ぶ人が知っておきたいこと

第2章 こころの基本的な仕組み

第3章 代表的な心理療法・アプローチ

第4章 臨床心理学のアセスメントと検査方法

第5章 臨床心理学の主な支援対象

第6章 臨床心理学が活きる場

第7章 臨床心理学の専門家

第8章 カウンセリングの実際

03

虐待

虐待とは

虐待とは、子どもや高齢者、障害のある人が、ほかの人から不適切に扱われることによって、その生命や健康、生活を脅かされることです。虐待は、主に、①**身体的虐待**、②**性的虐待**、③**ネグレクト（放棄、放任）**、④**心理的虐待**、⑤**経済的虐待**という五つに分類されます。虐待は、被害を受けた人の**人権を侵害するもの**です。子どもにおいては、こころと身体の健やかな成長や人格形成に大きな影響を与え、また将来にまで懸念を及ぼします。子どもや高齢者、障害のある人への虐待を防ぎ、その安全を守るために、児童虐待防止法（児童虐待の防止等に関する法律）、高齢者虐待防止法（高齢者虐待の防止、高齢者の養護者に対する支援等に関する法律）、障害者虐待防止法（障害者虐待の防止、障害者の養護者に対する支援等に関する法律）は必要な対応などを定めています。

虐待にかかわるこころの支援

被害を受けた人への支援と、**虐待をしてしまった人への支援**の両方が必要です。被害を受けた人のカウンセリングや遊戯療法では、傷ついたこころのケアに加えて、成長する力の回復や、人を信頼して安心できる関係を築くことが目指されます。虐待をしてしまった人に対しては、その経緯や要因をアセスメントし、子育てや介護に向かうあり方をともに考えます。また、利用可能な**社会資源を活用**できるように具体的にはたらきかけたり、**関連する施設の専門家と連携**したりします。虐待の連鎖を防ぐためにも、長期的かつ多方向からの支援が求められます。虐待にかかわるこころの支援においては、虐待を繰り返さないことや未然に防ぐことといった、**予防的な視点**をもつことが大切です。

虐待の種類

身体的虐待
- 殴る、蹴る、叩く
- 痛みを与える
- 縄などで拘束する

性的虐待
- 性行為の強要
- 性行為を見せる
- ポルノグラフィの被写体にする

ネグレクト（放棄・放任）
- 家に閉じ込める
- 食事を与えない
- 必要なときに病院に連れて行かない

心理的虐待
- 脅し、侮辱
- 無視
- 家族へのDVの目撃

児童虐待

高齢者虐待
障害者虐待

経済的虐待
- 勝手にお金を使う
- 本人にお金を使わせない

虐待の発生とこころの支援の対象

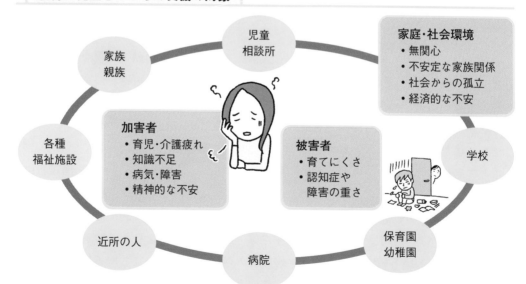

児童相談所

家族親族

家庭・社会環境
- 無関心
- 不安定な家族関係
- 社会からの孤立
- 経済的な不安

加害者
- 育児・介護疲れ
- 知識不足
- 病気・障害
- 精神的な不安

被害者
- 育てにくさ
- 認知症や障害の重さ

各種福祉施設

学校

近所の人

病院

保育園幼稚園

※虐待は複数の要因が複雑に絡み合って発生する。当事者のこころの支援に加えて、当事者を取り巻く環境のアセスメントやほかの専門家との連携が大切

第1章 臨床心理学をはじめて学ぶ人が知っておきたいこと

第2章 こころの基本的な仕組み

第3章 代表的な心理療法・アプローチ

第4章 臨床心理学のアセスメントと検査方法

第5章 臨床心理学の主な支援対象

第6章 臨床心理学が活きる場

第7章 臨床心理学の専門家

第8章 カウンセリングの実際

04

いじめ

いじめの定義

　文部科学省によるいじめの定義は、時代とともに変遷し、現在は「児童等に対して、当該児童等が在籍する学校に在籍している当該児童等と一定の人的関係にある他の児童等が行う心理的又は物理的な影響を与える行為（インターネットを通じて行われるものを含む。）であって、当該行為の対象となった児童等が心身の苦痛を感じているもの」（いじめ防止対策推進法第2条第1項）とされ、被害者の心身の苦痛が重視されるとともに、**ネットいじめ**のように、社会の情報化に伴ういじめ空間の広がりが反映されています。

いじめにおける集団力動

　いじめは、加害者・被害者の個人要因も大きいですが、**集団力動への視点**も重要になります。「いじめの四層構造」によると、いじめは、「加害者・被害者・観衆・傍観者の四層の子どもたちが絡まり合った構造の中で起こっている」[1]と考えられます。集団力動のなかでは、加害・被害の両方を経験している子どもも存在することを忘れてはなりません。また、**観衆**とは、いじめをはやし立てたり、面白がって見たりしている子どものことであり、加害の中心の子どもに同調・追従して、いじめを助長します。**傍観者**は、いじめを見て見ぬふりをする子どものことです。傍観者が、いじめに直接的に加担することはありませんが、加害者側には、暗黙の了解と解釈され、結果的には、いじめを促進する可能性があります。いじめ被害の多さは、加害者の多さよりも傍観者の多さと相関を示しているという研究結果もあり、傍観者の存在自体やその立ち振る舞いが、いじめを左右すると考えられます。また、いじめに否定的な反応を示す仲裁者が多数現れれば、いじめの状況は変化する可能性があります。

いじめの主な内容

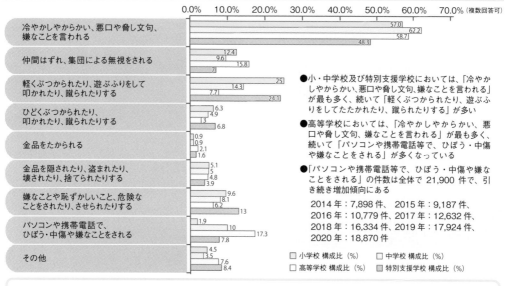

- 冷やかしやからかい、悪口や脅し文句、嫌なことを言われる
- 仲間はずれ、集団による無視をされる
- 軽くぶつかられたり、遊ぶふりをして叩かれたり、蹴られたりする
- ひどくぶつかられたり、叩かれたり、蹴られたりする
- 金品をたかられる
- 金品を隠されたり、盗まれたり、壊されたり、捨てられたりする
- 嫌なことや恥ずかしいこと、危険なことをされたり、させられたりする
- パソコンや携帯電話で、ひぼう・中傷や嫌なことをされる
- その他

●小・中学校及び特別支援学校においては、「冷やかしやからかい、悪口や脅し文句、嫌なことを言われる」が最も多く、続いて「軽くぶつかられたり、遊ぶふりをしてたたかれたり、蹴られたりする」が多い

●高等学校においては、「冷やかしやからかい、悪口や脅し文句、嫌なことを言われる」が最も多く、続いて「パソコンや携帯電話等で、ひぼう・中傷や嫌なことをされる」が多くなっている

●「パソコンや携帯電話等で、ひぼう・中傷や嫌なことをされる」の件数は全体で 21,900 件で、引き続き増加傾向にある

　2014 年：7,898 件、 2015 年：9,187 件、
　2016 年：10,779 件、2017 年：12,632 件、
　2018 年：16,334 件、2019 年：17,924 件、
　2020 年：18,870 件

☐ 小学校 構成比（%）　　☐ 中学校 構成比（%）
☐ 高等学校 構成比（%）　▨ 特別支援学校 構成比（%）

▶近年、注目されている発達障害のなかでは、自閉スペクトラム症の約8割がいじめを受けていたと報告している研究もある

▶いじめが起こった際、心理職は、被害者の気持ちに寄り添うと同時に、被害が生じた背景を分析し、被害者理解に活かしていく

ネットいじめの特徴

匿名性	インターネットや携帯・スマホでは、ハンドル・ネームを用いれば、個人が特定されず、誰かを攻撃できる
反復性の質	誰かを中傷する情報をネット上に一旦書き込めば、削除されない限り、何度でも閲覧可能で、被害はいつまでも続く
被害が及ぶ範囲	ネット上の特定個人の否定的な情報は、アクセス可能な無数の人々から閲覧され、転送によってさらに多くの人々に拡散するため、被害の及ぶ範囲は無限に広がる
力の不均等の意味	現実場面のいじめでは、加害者の体格や腕力、社会的地位や友人の数等、個人がもつ具体的な資源の多い・少ないが、力関係の不均衡の基盤となる。しかし、ネットいじめでは、これらの資源は関係なく、ネット上での情報操作について一定の知識と技術さえあれば、誰もが加害者になり得る

05

不登校

不登校の定義と現状

不登校は、学校臨床上の大きな課題の一つです。文部科学省によれば、不登校児童生徒とは、「何らかの心理的、情緒的、身体的あるいは社会的要因・背景により、児童生徒が登校しないあるいはしたくともできない状況にあること（ただし、病気や経済的理由によるものを除く）」と定義され、文部科学省が毎年実施している調査では、上記の定義に合致する児童生徒のうち、「年間30日以上欠席した者」を対象としています。

2021（令和３）年度の小・中学校における不登校児童生徒数は、前年度から大幅に増え、過去最多の24万4940人となりました。1学級当たりでみると、小学校は約0.5人、中学校は約2人の不登校児童生徒がいることを意味します。こうした増加の背景として、コロナ禍におけるさまざまな制限下で、生活リズムが崩れたこと、交友関係が築きにくくなったことなどが考えられます。また、小学生に比べて中学生の不登校生徒が多い状況が一貫して続いており、「**中1ギャップ**」の影響も大きいと考えられます。

不登校児童生徒への支援

不登校に至った背景や経緯、さらには不登校を継続させている要因は、個々の子どもによって異なっています。そのため、個の状況に応じた支援には、**アセスメント**が重要になります。また、教師をはじめとする関係者・関係機関とのアセスメント結果の共有を通して、多職種・多機関連携を深め、組織的な対応力を上げることも必要不可欠です。さらに、保護者との連携も重要であり、その状況によって、子どもへの支援が大きく左右されることに留意しておかなければなりません。また、教室復帰を目指すだけでなく、**別室登校**や**適応指導教室**の利用等の柔軟な対応が求められます。

不登校のさまざまな背景と支援 図

不登校の背景	支援
友人関係	学校生活において、友人の存在は重要な役割を果たす。そのため、友人関係のトラブルは、不登校を引き起こす場合がある。その際、心理職は、子どものつらさに寄り添うとともに、友人関係のトラブルが生じた背景について、子どもと一緒に考えていくことも大切になる
家族関係	子どもは、家族関係の影響を大きく受ける。そのため、両親の不和や離婚、兄弟葛藤などが、不登校につながる場合がある。その際、心理職は、家族に対する子どもの思いを丁寧に聴いていくとともに、家族力動から子どものおかれている状況をつかみ、子どもの理解につなげていく
精神疾患 （統合失調症、うつ病、摂食障害など）	医療機関での治療や休息などが必要になることが想定されるため、医療機関との連携が必要になる。その際、心理職は、家庭と医療機関との橋渡し役を担うことがある。また、場合によっては、教室復帰だけが目標とはなり得ないこともあるため、長期的な視野から子どもの支援を考えていく
発達障害	障害特性による対人トラブル、授業への集中しづらさなどから、学校生活がしにくくなり、不登校に至る場合がある。そこで、心理職は、個々の障害特性の理解を含めたアセスメント結果をもとに、教職員と連携しながら、必要な合理的配慮を考え、子どもの学校生活を整えていく過程を支えていく。また、環境づくりと並行して、個別のこころのケアを行うことが、結果的に、子どもの生活しづらさを改善することがある
いじめ被害	学級・学校が安全で安心な場所であるという確信がない限り、登校することは容易ではない。そのため、本人の登校再開を目指す支援を行うより前に、いじめ問題の解決に尽力する必要がある。その際、心理職は、いじめ被害者だけでなく、加害者へのこころのケアを行うことがある
児童虐待	虐待という問題自体の解決が最優先事項であり、教職員や行政と連携しながら、子どもの命を守る行動が求められる。また子どもの安全を確保しながら、こころのケアを行っていく
学習の遅れ	学習の遅れは、さまざまな理由で生じるが、学校から足が遠のく原因になることがある。そこで、心理職は、学習の遅れの背景をアセスメントし、教職員と連携しながら、学習の遅れに対してどのような対応が必要であるかを考えていく
心理的発達の課題	その子どもなりに抱えている何らかのこころの課題（例えば、友人関係の難しさ、劣等感など）があり、それが顕在化あるいは深刻化するなかで、不登校という現象として表面化することがある。その際は、子どもが自身のこころの課題と向き合っていけるように、個別のこころのケアを行っていくことが重要になる。結果的に、子どもが成長を遂げることも多く、成長への機会をもたらす現象として不登校をとらえることができる場合もある

※1人の児童生徒が複数の背景を抱えている可能性がある

06
ひきこもり

ひきこもりの定義

　ひきこもりは、1990年代後半から、日本で注目されはじめた現象です。2010（平成22）年に厚生労働省が公表したガイドラインの定義を簡単にまとめると、社会参加（義務教育を含む就学、非常勤職を含む就労、家庭外での交遊など）を回避し、原則的には**「6か月以上にわたっておおむね家庭に留まり続けている状態」**を示す現象概念とされています。2018（平成30）年度の内閣府の調査では、満40歳から満64歳で、約61万3000人のひきこもり者の存在が示唆されており、大きな社会問題となっています。

ひきこもりへの支援

　不登校が長期化してひきこもりへ移行するケースがある一方で、大卒以上の学歴を有し、一度社会人になった後にひきこもるケースも少なくありません。いじめや裏切りなどの対人関係上の傷つきがきっかけになることもありますが、近年では、原因は一つだけではなく、**家族関係**や**精神疾患**なども関与しているといわれています。ひきこもりの期間が長引くほど社会復帰が困難になるため、家族だけで抱え込まずに、早めに地域や医療機関と連携して、本人をサポートすることが大切です。支援方法としては、本人が最初から支援を求めることは稀なため、親からの相談（電話を含む）が最初のステップとして特に重要になります。続いて、家庭訪問を行い、本人との接触を図ります。その後、本人の個人療法を進めるとともに、精神疾患を併存している場合には、医療機関への受診を勧めます。対人不信、自信喪失感などが和らいできたら、個人療法と並行して集団療法を通して、集団にかかわるなかでの安心感を育み、フリースペースなどの居場所の提供を行います。社会参加に向けた気持ちの高まりに伴い、就労支援を導入します。

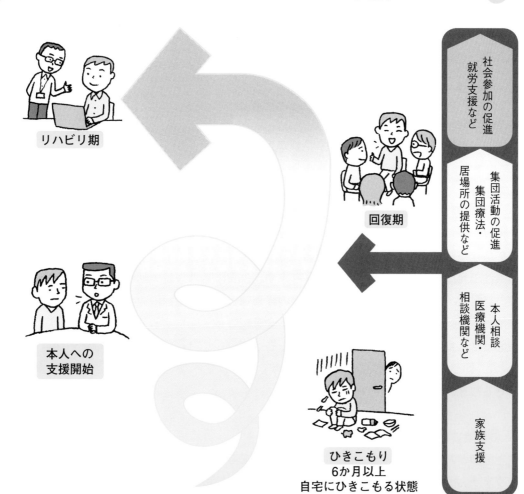

リハビリ期

回復期

本人への
支援開始

ひきこもり
6か月以上
自宅にひきこもる状態

社会参加の促進
就労支援など

集団活動の促進
集団療法・
居場所の提供など

本人相談
医療機関・
相談機関など

家族支援

▶支援の窓口としては、精神科などの医療機関のほか、各都道府県・市町村の公的相談機関、民間団体などがある。近年、ひきこもりの当事者の高年齢化と同時に、生活を支えてきた親たちの高齢化も深刻化しつつある。こうしたひきこもりの人の自立を支援するために、国も対策に乗り出しており、すべての都道府県・指定都市に、ひきこもりに特化した相談窓口として、ひきこもり地域支援センターが設置されている（令和4年度から設置主体を市町村に拡充）

第1章 臨床心理学をはじめて学ぶ人が知っておきたいこと

第2章 こころの基本的な仕組み

第3章 代表的な心理療法・アプローチ

第4章 臨床心理学のアセスメントと検査方法

第5章 臨床心理学の主な支援対象

第6章 臨床心理学が活きる場

第7章 臨床心理学の専門家

第8章 カウンセリングの実際

07

摂食障害

● 摂食障害の特徴

　摂食障害は、食べることを極端に制限する**神経性やせ症**（拒食症）、一度に大量に食べてしまう**神経性過食症／過食性障害**（過食症）に大きく分けられます。9割が若年層の女性で発症しますが、男性にもみられます。摂食障害は栄養失調状態を引き起こすので、無月経、低血圧、肝臓・腎臓・胃腸の障害などの身体症状につながります。体内の電解質バランスが崩れ、深刻な場合は心不全を起こし、死亡する危険性もあります。心理面では、食生活や体重が自己肯定感を左右し（「食べてしまった自分には価値がない」など）、**抑うつ**や**不安**、**孤立感**が強まります。自分は食べないのに料理して家族に食べさせるなど、特徴的な行動もみられます。

● 摂食障害の治療プロセス

　上記のとおり、摂食障害は身体に著しい影響を与えるので、医療との連携が不可欠となります。そのうえで、こころと身体の両面からアプローチしていきます。

　摂食障害では、危険なほど痩せていても、本人としては「太っている」と感じる**ボディイメージのゆがみ**がみられます。食事を摂らされることを恐れて治療につながらない場合も多いので、信頼関係を築きながら病気としての理解を共有し、治療への動機づけを高めます。摂食障害当事者には、**自己肯定感が低く**、**完璧主義**なパーソナリティが多いといわれています。心理療法では、食に左右されない自分の価値や、程よい自分のあり方を見つけられるようサポートします。食べるということは、生きるエネルギーを得ようとする主体的な行為です。摂食障害からの回復は、本人が本来の主体性を取り戻すプロセスとも考えられます。

代表的な摂食障害の特徴

	神経性やせ症		神経性過食症	過食性障害	回避制限性 食物摂取症
	（摂食制限型）	（過食排出型）			
特徴	体重や体型の感じ方の障害があります				体型や体重への こだわりや ボディイメージ の障害を 伴わない
	やせていても太っていると感じます		過食に苦痛を感じ、罪悪感を伴います		
食事	食事量を 制限します	過食する方も います	食事量のコントロールができず、 頻繁に過食します		食事量の減少、 偏食、食事の拒 否、嚥下恐怖等
痩せるための 行動	過度に運動 したりします	食べ物を吐いたり 下剤を使ったり します		食べ物を吐いたり 下剤を使ったり しません	過活動や嚥下・ 下剤の使用は 一般的に 認めません
体型	明らかな低体重		正常または過体重		低体重から正常

出典：精神保健対策費補助金「摂食障害治療支援センター設置運営事業」摂食障害情報ポータルサイト
　　　https://www.edportal.jp/about/about_what.html（最終アクセス日：2023年10月20日）

低栄養による身体・心理的症状

身体症状（全身）	身体症状（部位別）	心理的症状
全身 ・疲れやすい ・身長が伸びない ・寒がり・冷え性 ・月経（生理）がない 　⇒不妊の要因 ・眠りづらい ★筋力低下 ★低血圧 ★心拍数低下 ★低体温	胃腸 ・食欲がない ・満腹感がない ・便秘 その他 ★下肢のむくみ ★背中の濃いうぶ毛 ★皮膚の乾燥 ★手や足の黄色化 ★髪の毛が抜ける ★骨が弱くなる	頭のはたらき ・集中力の低下 ・仕事の能率低下 ・こだわりが強くなる 感情 ★イライラする ★抗うつ、不安が強い 行動 ★人との交流を避ける ★性的興味がなくなる

※★は危険信号
出典：精神保健対策費補助金「摂食障害治療支援センター設置運営事業」摂食障害情報ポータルサイト
　　　https://www.edportal.jp/about/about_what.html（最終アクセス日：2023年10月20日）

第1章 臨床心理学を はじめて学ぶ人が 知っておきたいこと

第2章 こころの 基本的な 仕組み

第3章 代表的な心理療法・ アプローチ

第4章 臨床心理学の アセスメントと 検査方法

第5章 臨床心理学の 主な支援対象

第6章 臨床心理学が 活きる場

第7章 臨床心理学の 専門家

第8章 カウンセリ ングの実際

08

依存症

■ 「やめたいのに、やめられない」「困っているのにやめられない」病気

　依存症は、何かをやめたいと思っているのに自分の意思ではコントロールできず、どうしてもやめられない病気といえます。**物質への依存**（**薬物・アルコール**など）と、特定の**行為やプロセスへの依存**（**ギャンブル・買い物・ゲーム・インターネット**など）に分けられます。一般的に依存症は「意志が弱い」と考えられ、社会的に厳しい目を向けられますが、本人の意思では止められないのが依存症です。特に物質依存では、アルコールや薬物が体内に繰り返し取り込まれることで脳に変化が生じています。罰を与えても恐怖を煽っても効果はなく、適切な治療が必要となります。

■ 苦痛を緩和するための依存症

　人はなぜ依存してしまうのでしょうか。上述の脳の変化に加え、心理的理解として、カンツィアン（Khantzian,E.J.）が提唱した「**自己治癒仮説**」があります。自己治癒仮説では、人は快楽を追求して依存症になるのではなく、依存の背景に個人が抱える生きづらさがあり、その苦痛や困難に一時的にでも適応しようとして依存症になるという考え方です。実際、依存症当事者のなかには、**虐待やDV、家庭の機能不全、心身の問題**などを抱えている人が少なくありません。さらに、依存症当事者は自分の感情を表現しづらく、周囲に助けを求めにくい傾向もあることがわかっています。回復のプロセスでは、孤独などの感情を自覚し、正直に自分を語り、周囲とのつながりのなかで受け入れられる体験が重要となります。**自助グループ**への参加は大きな効果があることが知られ、これまでも歴史が積み重ねられています。

依存症の脳のメカニズム

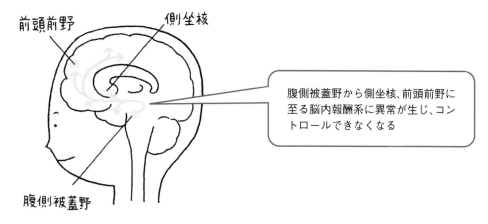

前頭前野　側坐核

腹側被蓋野から側坐核、前頭前野に至る脳内報酬系に異常が生じ、コントロールできなくなる

腹側被蓋野

アルコール依存症の自助グループ

AA
（Alcoholics Anonymous／アルコーホーリクス・アノニマス）

1935年にアメリカで結成され、世界中に広がった。組織化されておらず、参加者の匿名性が重んじられるのが特徴。家族や友人はアラノン（Al-Anon）という別の自助グループに参加する

断酒会

AAを参考に、1958（昭和33）年に日本でつくられた組織。日本各地にさまざまな断酒会があり、各断酒会を統括する組織として公益社団法人「全日本断酒連盟（全断連）」がある。参加者は実名を名乗り、家族も一緒に参加する

09
PTSD

トラウマへの心身の反応

トラウマ（➡ p.90）となるような衝撃的な体験をした後に、不安、不眠、動悸など
の心身の反応が生じるのは自然なことです。多くの場合、時間の経過とともに落ち着き
ますが、右表で示した症状が1か月以上持続し、それにより日常生活に支障をきたす場
合、PTSD（Post Traumatic Stress Disorder：心的外傷後ストレス障害）と診断され
ます。体験の当事者だけではなく、そのような出来事に他人が巻き込まれるのを目撃す
ることや、家族や親しい人が巻き込まれたのを知ること、また災害救援に携わった体験
もトラウマとなり得ます。体験から4週間以内の場合は別に ASD（Acute Stress
Disorder：急性ストレス障害）と呼ばれ、PTSD とは区別されています。アメリカで
ベトナム戦争の帰還兵が呈する精神的不調の問題から研究が進み、1980（昭和55）年
に初めて精神疾患として認定されました。日本でも地震などの大きな災害をきっかけに
広く知られるようになりました。

PTSDへの心理的支援

PTSD への心理的支援としては、医療機関やカウンセリング機関、地域の精神保健福
祉センターなどのほか、犯罪被害については警察の相談窓口や犯罪被害者支援センター
等でも対応しています。大規模災害時は、災害派遣チームとして心理職も現地に赴き、
災害直後のストレスや PTSD をはじめとするその後の心理面のケアにあたっています。

PTSD の治療法としては、持続エクスポージャー療法（PE）や眼球運動による脱感
作と再処理法（EMDR）などが知られていますが、まずはトラウマによって失われた
安心と安全を実感できるような場を保障し、信頼関係を構築していくことが重要です。

PTSDの主な症状

侵入（再体験）	トラウマとなった出来事に関する不快で苦痛な記憶が突然蘇ってきて、まるで今ここで体験しているかのように感じられたり（解離、フラッシュバック）、悪夢として反復されたりする。思い出したときに気持ちが動揺したり、身体・生理的反応（動悸や発汗）を伴ったりする
回避	出来事に関して思い出したり考えたりすることを極力避けようしたり、思い出させる人物、物事、状況や会話を回避したりする **例** 転職や転居を繰り返す 過去の体験を思い出させる場所を避けて買い物に行く
認知と気分の陰性の変化	否定的な認知、興味や関心の喪失、周囲との疎隔感や孤立感を覚え、陽性の感情（幸福、愛情など）がもてなくなる「体験の出来事について思い出せない」といった、解離性健忘が生じることもある **例** 何をやっても楽しく感じられない 「この先、何もよいことは起こらないだろう」
覚醒度と反応性の著しい変化	イライラ感、無謀または自己破壊的行動、過剰な警戒心、ちょっとした刺激にもひどくビクッとするような驚愕反応、集中困難、睡眠障害がみられる **例** 危険はないのに過度に警戒して安心できない 電話が鳴る音で飛び上がるほどびっくりする

PTSDの症状は複雑で多様なため、本人も周囲の人々も、PTSDと気づかないことも珍しくありません。苦痛を和らげようとアルコールに頼るなど、その他の障害のほうが目立つこともあります。

第 1 章 臨床心理学をはじめて学ぶ人が知っておきたいこと

第 2 章 こころの基本的な仕組み

第 3 章 代表的な心理療法・アプローチ

第 4 章 臨床心理学のアセスメントと検査方法と

第 5 章 臨床心理学の主な支援対象

第 6 章 臨床心理学が活きる場

第 7 章 臨床心理学の専門家

第 8 章 カウンセリングの実際

10

複雑性PTSD

繰り返され、持続するトラウマ体験

　複雑性PTSD（C-PTSD）は、DV被害者や被虐待児の臨床に携わった精神科医の**ハーマン**（Herman,J.L.）が提唱した疾患です。DVや虐待のように、逃れることが難しいと感じる出来事を何度も繰り返し体験したり、長期間継続したりすることで生じるとされています。戦争捕虜や人質のような体験をイメージしてもよいでしょう。ハーマンらは、こうした体験によるPTSDは災害や事故といった単回の体験によるPTSDと分けるべきだと提案し、WHO（世界保健機関）による2018（平成30）年のICD–11（国際疾病分類第11回改訂版）ではじめて、PTSDとは区別されて収載されました。PTSDの主要な症状に加え、**感情調整の困難**、**否定的な自己概念**、**対人関係の困難**が生じることが特徴とされています。感情面や対人面で慢性的に困難が生じるため、日常生活への影響が大きく、うつや依存症などの併存疾患も多いことがわかっています。

幼少期の逆境体験とその影響

　1995年からアメリカで実施された大規模疫学調査（ACE研究）では、幼少期の逆境体験（**家庭内での暴力**や**ネグレクト**、家族の**機能不全**など）が、心身の疾患や問題行動など、その人の生涯にわたって広範囲に影響を与えることを明らかにしました。こうした逆境体験は、複雑性PTSDの発症にもつながります。自分を守ってくれるはずの養育者からの暴力やネグレクトは、安心や安全の感じ方を根本から覆し、子どもに混乱をもたらします。トラウマと類似した行動を繰り返すトラウマの再演や、自分がされたことを他者にやり返す行為がみられることもあります。支援者に**試し行動**を繰り返すこともありますが、他者への深刻な不信感が背景にあることを理解する必要があります。

複雑性PTSDに特徴的な症状

1 感情調整の困難

些細な出来事でも感情のコントロールができなくて爆発したり、自己破壊的な行動につながったりする。自分の気持ちがわからないという感覚麻痺が生じたり、喜びや幸福感などポジティブな情動を感じにくくなったりする

2 否定的な自己概念

トラウマ的体験に関する恥や罪悪感、挫折感とともに、「自分は取るに足りない」「自分には価値がない」といった自己否定感をもちやすくなる

「あんな目にあったのは自分のせいだ」
「こんな自分は恥ずかしい」
「自分は汚れている」

3 対人関係の困難

他者と長く安定した関係を続けたり、親密な関係を築いたりすることに困難が生じる

「危険とわかっている相手でも拒否できない」
「誰も信用できないので人付き合いはしない」
「どうせ見捨てられるに違いない」

第 1 章　臨床心理学をはじめて学ぶ人が知っておきたいこと

第 2 章　こころの基本的な仕組み

第 3 章　代表的な心理療法・アプローチ

第 4 章　臨床心理学のアセスメントと検査方法

第 5 章　臨床心理学の主な支援対象

第 6 章　臨床心理学が活きる場

第 7 章　臨床心理学の専門家

第 8 章　カウンセリングの実際

11 統合失調症

陽性症状と陰性症状、そして三つの型

　統合失調症は精神疾患の代表的なものの一つで、100人に1人が罹患するといわれています。症状は大きく**陽性症状**と**陰性症状**に分けられます。陽性症状とは、健康なときにはなかった症状が現れるもので幻聴や幻覚、妄想や思考障害などを指します。陰性症状とは健康なときにはあったものが失われる症状のことで感情鈍麻、意欲の欠如、自閉的な状態になる等のことを指します。また、統合失調症には三つの型があります。

①**破瓜型**…思春期から青年期に発症することが多く、陰性症状が中心のものです。

②**緊張型**…主に青年期や20代に発症が多く、興奮状態と混迷状態（周囲への反応が極端に鈍くなる）を周期的に繰り返すものです。

③**妄想型**…30代に発症が多く、幻覚と妄想が主になり、陰性症状は少ないものです。

統合失調症の治療とそのプロセス

　治療は薬物療法とデイケア等を活用したリハビリテーションをしながら、個人心理療法を行うという総合的な治療・援助を行うことが重要です。また、治療の前提として**病識**（自身が病気であることを認識する）をもつよう心理教育等を行うことも大切となります。適切な治療を行うことで以下のプロセスを経ると考えられています。①前兆期：幻覚・妄想等の代表的な症状が現れる前に、不眠、不安、神経過敏、身体症状等が現れることがあります。②急性期：陽性症状と陰性症状が強く現れます。③回復期：幻覚・妄想等の陽性症状が減少し、陰性症状が残る場合があります。④安定期・慢性期：治療によって安定した生活を送れるようになる人が多いです。ただ、陰性症状が残ることもあります。近年は長期入院を避けて地域でサポートしていくことを目指しています。

陽性症状

自分の思考が他者の声として聞こえる「思考化声」

「お前なんていらない」「確かにそう思う」などと自分のことについて会話する声が聞こえる「応答形式の幻聴」

自分の行動に口出ししてくるような幻聴

自分の身体に他者から何かされていると感じる「身体にかかわる被影響体験」

思考が奪われ、自分で物事を考えられなくなるように感じる「思考奪取」

自分の考えが他者に伝わっていると感じる「思考伝播」

他者によって自分の思考や行動がさせられていると感じる「させられ体験」

「誰かが手を上げたらそれは自分に関して誰かに何かを伝えるサインだ」などと知覚したものに特別な意味づけを行う「妄想知覚」

※上記に挙げた症状は「一級症状」とも呼ばれ、統合失調症の診断に重要な症状とされている

陰性症状

自閉的な状態

感情鈍麻・平板化

意欲の欠如

記憶力・注意・集中力の低下

判断力の低下

統合失調症の症状群の四つの特徴

①連合弛緩（Association loosening）	思考や物事の結びつきが緩んでほどけてしまうこと
②自閉性（Autism）	外界との接触を避ける状態になること
③感情鈍磨（Affect disturbances）	喜怒哀楽の感情が鈍くなること
④両価性（Ambivalence）	一つの対象に両価的な感情を抱くこと。その二つの感情の間で葛藤するのではなく、両方が同時に存在するように体験する

第1章 臨床心理学をはじめて学ぶ人が知っておきたいこと

第2章 こころの基本的な仕組み

第3章 代表的な心理療法：アプローチ

第4章 臨床心理学のアセスメントと検査方法

第5章 臨床心理学の主な支援対象

第6章 臨床心理学が活きる場

第7章 臨床心理学の専門家

第8章 カウンセリングの実際

12

うつ病・不安障害
（不安症）

■ 単極性のうつ病（内因性うつ病、反応性／心因性うつ病）

　うつとは抑うつ気分、疲れやすい、食欲低下、焦燥感、意欲活動の低下、睡眠障害、希死念慮等の症状をもつ疾患のことを指します。誰でもなり得る疾患で、怠けとは一線を画するものです。うつには原因が明確ではない**内因性うつ病**と原因がある程度明確にある**反応性／心因性うつ病**とがあります。うつの治療には薬物療法と休息、うつを引き起こす環境の調整が極めて重要です。そこに加えて心理療法によってうつを引き起こしやすいこころのあり方の変容を試み、再発を防ぎます。また、さまざまな喪失体験や「したいのにできない生き方」等の「こころの死」が積み重なる結果としてうつになることもあります。その場合、喪失体験の整理を試みたり、これまでできなかった生き方をこれからの人生に組み込んだりしていくことをカウンセリングで取り組みます。

■ 不安障害（不安症）

　不安とは、目の前にあるものではなく未来や将来に脅威を感じることで生じるものです。不安は誰もが抱くものですが、現実に起こるかどうかわからないものや実際に起こる可能性が低いものをあたかもあるように感じ、それが安定した日常生活を脅かすまでに至るものが不安障害となります。不安障害には**全般性不安障害**、**パニック障害**、**社交不安障害**、**限局性恐怖症**などが含まれます。薬物療法も用いられますが、心理療法のみで治療が行われる場合もあります。心理療法では**認知行動療法**が有効であると指摘されることは多いですが、イメージを用いた心理療法やその他の技法によっても適切な治療ができます。症状には意味がある場合もあるため、その分析や症状の意味を理解して自分自身を変化させることで結果的に症状がなくなっていくことを目指します。

第1章 臨床心理学をはじめて学ぶ人が知っておきたいこと

第2章 こころの基本的な仕組み

第3章 代表的な心理療法、アプローチ

第4章 臨床心理学のアセスメントと検査方法

第5章 臨床心理学の主な支援対象

第6章 臨床心理学が活きる場

第7章 臨床心理学の専門家

第8章 カウンセリングの実際

うつの治療

服　薬	休　息	心理療法

うつ病と双極性障害の種類

うつ症状のみを単極性うつ、うつと躁を行き来するものを双極性障害という

単極性 うつ病	内因性うつ病	環境や心理的ストレスが要因ではなく、その人の「内側」の何かが要因になっていることが考えられるが、何が要因であるのか明確ではないもの
	反応性うつ病	過度の疲労や否定的な環境等が要因で起こる
	心因性うつ病	性格特徴や心理的なことが要因で起こる
双極性障害	双極Ⅰ型	抑うつ状態と躁状態とを激しく行き来する
	双極Ⅱ型	抑うつ状態と、躁状態よりも軽い軽躁状態を行き来する

うつと不安の差異

うつ	喪失や失敗などに対する反応で過去を重視するもの
不安	脅威に対する反応で未来や将来に向けられている

不安障害に含まれるもの

全般性不安障害	特定のものではなく仕事や学業など多数の出来事に対して過剰に不安になる
パニック障害	パニック発作を主とし、その発作が起こるのではないかと過剰に不安になる
社交不安障害	他者の注視を浴びる可能性のある社交場面に対して過剰な恐怖や不安を抱く
限局性恐怖症	特定の対象やそれが生じるであろうと予期することで過剰で不合理なおそれを抱く

※ DSM-5 では選択性緘黙と分離不安症も不安症群に含まれる

13

パーソナリティ障害

■ A・B・Cの3群、合計10種類に分けられるパーソナリティ障害

　パーソナリティ障害とは、その人が生活する文化や常識から極めて外れた物事の受け取り方や言動を行い、その結果として苦痛や障害を引き起こす状態のことを指します。これは青年期や成人期以降に診断されるものです。A群・B群・C群に大別され、合計10種類に分けられています。奇妙で風変わりなタイプで他者から変わっていると思われるA群（妄想性、シゾイド、統合失調症型）、感情的で移り気なタイプで周囲を巻き込むような劇的な行動をとる傾向があるB群（境界性、自己愛性、演技性、反社会性）、不安で内向的なタイプのC群（依存性、強迫性、回避性）に分けられています。

■ パーソナリティ障害を抱える人への治療態度

　パーソナリティ障害を抱える人は他者と折り合えないところを強くもっています。それは自分自身と折り合えないところが強いためだと考えられています。そのため、パーソナリティ障害の人を理解し、親密で安定した関係をつくろうとし過ぎるのではなく、偽りなく誠実にまっすぐな態度でかかわることが大切です。そのうえで、少しでよいので**折り合える部分を見つけること**、**毅然とした態度でかかわること**とともに**対決状態にならないようにすること**も肝要です。そして長い時間をかけて、障害されているパーソナリティと付き合うとともに、深いところの障害されていない部分と付き合うことを模索するのです。パーソナリティ障害は道徳的・常識的なものに反することを示す場合もありますが、道徳観をセラピーにもち込まないようにする必要があります。道徳観をもち込み、カウンセラーが優位な存在であると誤解してかかわることが最も非治療的です。そして本人が自分や他者と折り合えるようになるよう根気よくつながり続けます。

パーソナリティ障害の分類

群	タイプ	概要
A群	妄想性パーソナリティ障害	世界や他者は危険で信用できず、自分が利用されているなどの陰謀論を信じ、常に警戒心をもっている。他者に自分の考えや気持ちを打ち明けることが少ない
	シゾイドパーソナリティ障害	他者と接することに意味や楽しみを見出せず、一人でいることを好む。とっつきにくい人と受け止められ、人とかかわる仕事や場所を選択しない傾向がある
	統合失調症型パーソナリティ障害	まとまりのない言動や感情の鈍化はみられるが、統合失調症と診断されるような妄想や幻覚はない。奇異な思考と行動、奇妙な信念や変わった知覚体験はあるが、明らかな精神病というほどではない状態
B群	境界性パーソナリティ障害	相手に大きな期待を抱き、濃密な人間関係を求めるとともに、見捨てられ不安を抱えて失望の体験を繰り返す。過大な要求と激しい怒り、さらに拒絶される不安を抱えるために、他者を遠くへ追いやっていく特徴をもつ
	自己愛性パーソナリティ障害	自分が世界の中心で特別な存在であるかのように自分を実像以上に大きな存在のように振る舞う。自信過剰で権利意識が強く、他者の都合や悩み・感情等を気に留めない。放漫・高飛車で他者からの敬意と称賛を求める傾向がある
	演技性パーソナリティ障害	自己顕示力が強く、愛嬌を振りまき、その場の主役でいようとする。人間関係は濃密になりやすいが、感情も激しく、そのときの役割や興味等に影響されやすい特徴をもつ
	反社会性パーソナリティ障害	利己的で操作的に冷酷性をもって他人を欺いたり、だましたりするが、自責の念はもたない。衝動的で法律にも違反しがちで、自身に利益が生じるような他者にのみ関心を向ける。一見魅力的な人にみえるので、他者から気づかれにくいこともある
C群	依存性パーソナリティ障害	自分は弱く、何かを決めたり、一人でいたりすることができないと思っている。人の言うことを聞いて他者に依存するとともに人の意向を優先させる。そして自分を世話してもらうために必要なことは何でもしようとする
	強迫性パーソナリティ障害	完璧主義で柔軟性がなく、細部も適切に処理せずにはいられない特徴をもつ。仕事では他者を信用して任せることができない。決まりごとやスケジュールにとらわれ、気の向くままに行動できず、深い人間関係を築くことが困難である
	回避性パーソナリティ障害	人付き合いが苦手で、批判や拒絶に敏感で怯えをもっている。屈辱や恥をかく可能性のある場面を回避する。ただ、人間関係を強く求めて気を許せる旧友を何人かもっている傾向がある

第1章 臨床心理学をはじめて学ぶ人が知っておきたいこと

第2章 こころの基本的な仕組み

第3章 代表的な心理療法・アプローチ

第4章 臨床心理学のアセスメントと検査方法

第5章 臨床心理学の主な支援対象

第6章 臨床心理学が活きる場

第7章 臨床心理学の専門家

第8章 カウンセリングの実際

14

認知症

● 認知症とは

　認知症は、病気などのさまざまな要因によって脳のはたらきが低下し、日常生活に支障が出ている状態です。認知症にはさまざまな種類があります。認知症のなかで最も多いのが**アルツハイマー型認知症**です。これは、脳神経の変性によって脳の一部が縮んでいくことで起こるもので、記憶や判断の障害が特徴です。**血管性認知症**は、脳血管の障害（脳梗塞や脳出血など）が原因で起こります。障害された脳の部位によって症状が異なるため、一部の認知機能は保たれます。ほかに、**レビー小体型認知症**や**前頭側頭型認知症**があります。これら四つは、四大認知症といわれています。

● 認知症の症状とこころの支援

　認知症の症状は、**中核症状**と**周辺症状**に分けられます。中核症状は脳の神経細胞が障害されることで生じるもので、**記憶障害（もの忘れ）**、時間や場所などが曖昧になる**見当識の障害**、**理解力・判断力の低下**、身のまわりのことができなくなる**実行（遂行）機能障害**などがあります。周辺症状は、その人の性格や環境、周囲の人とのかかわりなどが絡み合って生じるもので、**認知症の行動・心理症状**（BPSD：Behavioral and Psychological Symptoms of Dementia）ともいわれます。

　心理療法は、認知症そのものにはたらきかけることはできませんが、認知症を抱える人がより生きやすくなるようにアプローチすることは可能です。環境調整に加えて、回想法や芸術療法は、こころの安定や、自発性・活動性の促進、リラクゼーションなどに効果があると考えられています。

第1章 臨床心理学をはじめて学ぶ人が知っておきたいこと

第2章 こころの基本的な仕組み

第3章 代表的な心理療法・アプローチ

第4章 臨床心理学のアセスメントと検査方法

第5章 臨床心理学の主な支援対象

第6章 臨床心理学が活きる場

第7章 臨床心理学の専門家

第8章 カウンセリングの実際

認知症の種類

アルツハイマー型認知症	・もの忘れ（記憶の障害）から始まることが多い ・ゆるやかに進行する
血管性認知症	・障害された脳の部位によって症状が異なる ・一部の認知機能は保たれている「まだら認知症」が特徴
レビー小体型認知症	・幻覚、幻視が出る ・パーキンソン症状（手足のふるえ、身体のこわばりなど）が特徴
前頭側頭型認知症	・社会的な行動をとりにくくなる ・行動や感情の抑制が効きにくくなる

中核症状と周辺症状

周辺症状

不安

憂うつ・
意欲の低下

もの忘れ（記憶障害）　　　　　判断力・理解力の低下

中核症状

時間・場所がわからない　　　　身のまわりのことが
　　　　　　　　　　　　　　　　できない

目的なく歩き回る

怒りっぽくなる

幻視
（誰もいないのに、
誰かがいると主張する　など）

15

高次脳機能障害

● **高次脳機能障害とは**

　脳は、言葉、記憶、物事の認識や実行などさまざまな活動を担っています。このような脳のはたらきが、後天的な脳の損傷によって障害された状態を、**高次脳機能障害**といいます。高次脳機能障害の主な原因としては、脳血管障害や頭部の外傷（怪我）などがあります。

　高次脳機能障害は、損傷を受けた脳の部位によって症状がさまざまに異なります。代表的な症状には、**記憶障害、注意障害、実行（遂行）機能障害、社会的行動障害**があります。また、自分がそのような状態にあることを認識しておらず、自分に問題を感じていないという**病識の欠如**を伴うこともあります。ほかにも、精神的・身体的に疲れやすくなったり、さまざまな活動がゆっくりになるなど情報処理速度の低下がみられたりすることもあります。

● **高次脳機能障害にかかわるこころの支援**

　高次脳機能では、どの領域にどのような症状が出ているのかを適切にアセスメントすることが重要です。アセスメントには、さまざまな**神経心理学検査**が用いられます。

　高次脳機能障害では、これまでできていたことができない、あるいは伝えたいことが伝わらないなど、自分へのもどかしさや他者とのコミュニケーションの難しさをしばしば体験します。このこと自体が大きなストレスであり、不安やいらだち、抑うつや意欲低下などの心理的問題を生じやすくします。こころの専門家は、症状の適切なアセスメントに加えて、高次脳機能障害を抱える人のこころのケアも視野に入れたかかわりを考えることが大切な課題でしょう。

高次脳機能障害の代表的な症状と対応

対応例
- メモを作成
- 見えるところに提示

対応例
- こまめに休憩をとる
- 集中できる環境をつくる

↑

記憶障害
- 約束を守れない・忘れてしまう
- 新しいことを覚えられない
- 自分が何をしていたかわからなくなる

↑

注意障害
- 物事に集中して取り組めない
- 気が散りやすい
- 疲れやすい

代表的な症状

社会的行動障害
- 感情のコントロールが難しい
- 他者に合わせて自分の行動を コントロールすることが難しい
- 意欲や発動性が低下する

実行（遂行）機能障害
- 計画を立てて実行することが難しい
- 作業の切り替えが難しい
- 指示がないと取り組めない

↓

対応例
- 対人関係について、 問題が生じにくい環境を整える
- 感情的に対応しない

↓

対応例
- スケジュールや段取りを作成
- 見えるところに提示

第1章 臨床心理学をはじめて学ぶ人が知っておきたいこと

第2章 こころの基本的な仕組み

第3章 代表的な心理療法・アプローチ

第4章 臨床心理学のアセスメントと検査方法

第5章 臨床心理学の主な支援対象

第6章 臨床心理学が活きる場

第7章 臨床心理学の専門家

第8章 カウンセリングの実際

16

喪失体験

大切な人との死別体験とモーニングワーク（喪の仕事）

　喪失体験の代表例は**死別体験**です。死別体験によって人は悲しみ、怒り、後悔、罪悪感、生きる意欲の喪失など、さまざまな反応が生じます。これらを**悲嘆反応**といい、誰もに生じる反応であるといえます。大切な人を失った遺族は日常生活を送るなかで、「自分だけ」がこのような悲しい体験に至っていると感じ、強い孤独感をもち、人との交流が減って社会とのつながりが薄くなっていくことがあります。このような体験の積み重ねにより、死別体験以前と比べてこの世の中が変わってしまったかのように感じてしまいます。近年では死別後の強い悲嘆反応が通常よりも長く継続する場合、国際的な診断基準である ICD-11 や DSM-5-TR において「**遷延性悲嘆症**」という精神疾患として診断される医療的援助の対象になりました。また、遺族外来という遺族支援専門の外来もでき始め、**遺族会**や**グリーフケアグループ**によるサポートも増加しています。

喪失後のプロセスと援助における考え方

　喪失後のプロセスとして注目されているのは**二重過程モデル**というものです。それは喪失志向という喪失の悲しみのなかでグリーフワークに取り組んでいる状態と、回復志向という喪失後の現実への適応を試みる状態とを行き来するというものです。二つの状態を行き来しながら、死別以前、または死別直後とは異なるあり方を模索することになります。また、喪失体験によってその人の人生全体が揺り動かされ、それ以前とは異なる人生を歩み始める人もいます。喪失体験がその人の本質的な生き方を生み出す場合もあります。援助においては悲しみや症状の消失を目指すだけでなく、遺族の生き方全体を視野に入れてどのように生きていけるか、という点で支援を行うことが重要です。

喪失対象の概要

喪失対象	概要	
①人	死別	死因：病気、災害、事故、殺人、自死
	離別	離婚、引っ越し、転校、卒業、失恋、収監
②運動・身体機能、身体の一部	病気・怪我・障害による身体機能の障害	
	怪我や病気による身体損傷	
	加齢による成長や衰えなどによる変化	
③場所・土地・役割・所属など	失業、退職、転職、転勤、降格、引退、引っ越し、災害、事故	
	一見肯定的にみえるもの：昇進、結婚、出産、卒業、入学、住居の新築	
④動物・ペット	（人に準じる）	
⑤物	失くす、壊れる、捨てられる、捨てる	

喪失体験が曖昧な状態である「曖昧な喪失」

① さよならのない別れ	死や別れの証明がない喪失（遺体が見つからない等）	津波による被災、失踪、行方不明者、離婚などの離別等
② 別れのないさよなら	肉体としてはその人は存在しているがそれ以前のその人が存在していない	認知症、脳卒中、精神疾患、アディクション等

死別後のプロセス：二重過程モデル

日々の生活経験

喪失志向
- グリーフワーク
- 侵入的悲嘆
- 愛着や絆の崩壊／亡くなった人物の位置づけのしなおし
- 回復変化の否認や回避

回復志向
- 生活変化への参加
- 新しいことの実行
- 悲嘆からの気そらし
- 悲嘆の回避や否認
- 新しい役割やアイデンティティまたは関係性

出典：Strobe,M.S.& Schut,H. The dual process model of coping with bereavement: Rational and Description, Death Studies,23,1999.

第1章　臨床心理学をはじめて学ぶ人が知っておきたいこと

第2章　こころの基本的な仕組み

第3章　代表的な心理療法・アプローチ

第4章　臨床心理学のアセスメントと検査方法

第5章　臨床心理学の主な支援対象

第6章　臨床心理学が活きる場

第7章　臨床心理学の専門家

第8章　カウンセリングの実際

17

LGBTQ

多様な性のあり方

LGBTQ とは、Lesbian（レズビアン、女性同性愛者）、Gay（ゲイ、男性同性愛者）、Bisexual（バイセクシュアル、両性愛者）、Transgender（トランスジェンダー）、Queer/Questioning（クィア／クエスチョニング、性的指向や性自認が定まらない）の頭文字をとった言葉で、**性的マイノリティ**を表す総称の一つとしても使われます。ただ、性のあり方は多様であり、性的マイノリティのすべてがこのカテゴリーに収まるわけではないので、**LGBTQ＋**や、**SOGI**（Sexual Orientation and Gender Identity）などの用語で表現されることもあります。

当事者にとって安全な環境であるために

性的マイノリティの割合は、おおむね人口の8％〜10％前後、10人〜13人に1人といわれています。しかし、これだけの当事者が生活しているにもかかわらず、社会は性的マジョリティ向けに構成されているため、当事者の多くは「生きづらさ」「居場所のなさ」を感じています。性的マイノリティの児童生徒は、いじめ・不登校・自殺のリスクが高いという調査結果もあり、文部科学省も現場への対応を求めています。スクールカウンセラーや学生相談など教育現場で働く心理職には、児童・生徒・学生の性の多様性に常に配慮し、相談しやすい支援体制を整えると同時に、教職員の理解を深める啓発活動も必要とされます。もちろん、当事者が成人し社会に出た後も安全な環境であることが求められます。近年では「**SOGI ハラ**」という言葉によって、個人の性指向や性自認を尊重しないことはハラスメントであり、人権侵害であるという認識が広まりつつあります。**アウティング**や**マイクロ・アグレッション**への理解も必要です。

第1章 臨床心理学をはじめて学ぶ人が知っておきたいこと

第2章 こころの基本的な仕組み

第3章 代表的な心理療法・アプローチ

第4章 臨床心理学のアセスメントと検査方法

第5章 臨床心理学の主な支援対象

第6章 臨床心理学が活きる場

第7章 臨床心理学の専門家

第8章 カウンセリングの実際

SOGI（Sexual Orientation and Gender Identity）とは

性指向（Sexual Orientation）と性自認（Gender Identity）の頭文字をとった言葉。性的マイノリティの一部のみをカテゴライズしたLGBTQと異なり、性指向と性自認の組み合わせによって、一人ひとりの多様な性のあり方を表現できる

性指向：どんな性別の人に魅力を感じるか、あるいは感じないか

性自認：自分をどんな性だと認識しているか

SOGIハラスメントの発言例

性別に関する発言例	性指向に関する発言例
あの人って、男？　女？	オカマ・オネエ
男らしくしろ！	ホモ・レズ
女らしくしろ！	変態
オトコオンナ	あの人はゲイだって。襲われたらどうしよう
戸籍は女なんだから女性の制服を着なさい	俺にはそんな趣味ないから
男のくせになよなよするなよ	結婚しないと一人前じゃないよ
身体はどうなっているの？	早く恋人つくったら？
	彼氏の写真見せて
	同性愛？　エイズじゃないよね

出典：葛西真記子編著『LGBTQ＋の児童・生徒・学生への支援　教育現場をセーフゾーンにするために』誠信書房、p.11、2019年

アウティングとマイクロ・アグレッション

アウティング	他人の性自認や性指向を本人の許可なく勝手に他者に話すこと
マイクロ・アグレッション	自分では相手を差別したり、傷つけたりするつもりはないのに、結果として相手を傷つけてしまうような言動のこと

18
子育て支援（親子関係）

現代の孤独な子育て環境

　2017（平成29）年の流行語大賞で、「**ワンオペ育児**」がノミネートされました。ワンオペとは「ワンオペレーション」の略で、一人で育児の大半を担わなければならない、現代の過酷な子育て環境を反映した言葉として注目を集めました。核家族化が進んだ現代では身近に頼れる親族がいない場合も多く、地域コミュニティのつながりも薄れ、孤独な子育てとなりがちです。多くの場合その担い手は母親ですが、出産から心身が回復していない状態では、**産後うつ**や**自殺**のリスクが高まります。いかに母子を孤立させず支援につなげるかが社会的な課題となっています。厚生労働省は、生後4か月までに乳児のいる全家庭を保健師や助産師等が訪問し、不安や悩みを聞く**乳児家庭全戸訪問事業**を実施しています。乳児健診等の際に心理職を配置する自治体も多く、子育てや発達の問題もスクリーニングできるような工夫がなされています。

子育てを支援するネットワーク

　親子関係は外から見ただけでは判断が難しい一方、時に虐待やひきこもり等の問題をはらみます。また、**ヤングケアラー**（本来大人が担うべき家事や家族の世話などを、子どもが日常的に負担している状態）についても、なかなか周囲が気づきにくい深刻な問題となっています。子どもが成長した後も、認知症や介護が必要になった親との関係が困難になる例もあります。生涯続く親子関係において、当事者だけで問題を抱え込まないよう、支援につながりやすいネットワークづくりが重要です。また、ひとり親家庭、ステップファミリー、社会的養護（里親、児童養護施設など）、同性パートナーの家庭など、さまざまな家族や親子の形があることにも、理解が広まる必要があるでしょう。

第
1
章
臨床心理学を
はじめて学ぶ人が
知っておきたいこと

第
2
章
こころの
基本的な
仕組み

第
3
章
代表的な心理療法・
アプローチ

第
4
章
臨床心理学の
アセスメントと
検査方法

第
5
章
臨床心理学の
主な支援対象

第
6
章
臨床心理学が
活きる場

第
7
章
臨床心理学の
専門家

第
8
章
カウンセリ
ングの実際

子育て支援のさまざまな形 図

子育てをサポートする相談窓口

子育て相談全般

各自治体のこども家庭センター、
児童相談所、家庭児童相談所、保健センター　など

子どもの発達の不安

児童発達支援センター、精神保健福祉センター、
キンダーカウンセラー　など

就学上の不安

学校、スクールカウンセラー、
教育相談センター　など

その他、幼稚園、保育所、認定こども園や、児童館、放課後児童クラブ、
地域の子育てサークルなどに相談窓口を置いている場合もあります。

多様な親子の形

ひとり親家庭

同性パートナー家庭

ステップファミリー
（血縁関係のない
親子関係を含む家庭）

社会的養護（里親・児童養護施設など）

第5章引用文献

1) 森田洋司・清永賢二『新訂版いじめ —— 教室の病い』金子書房、1994年

第5章参考文献

- 文部科学省初等中等教育局「いじめの状況及び文部科学省の取組について」令和4年11月24日
- 野島一彦・繁桝算男監、石隈利紀編『公認心理師の基礎と実践⑱——教育・学校心理学　第2版』遠見書房、2019年
- 日本摂食障害学会（監修）「摂食障害ガイドライン」作成委員会（編）『摂食障害治療ガイドライン第1版』医学書院、2012年
- 松本俊彦『薬物依存症』ちくま新書、2018年
- 松本俊彦編『臨床心理学増刊第8号——やさしいみんなのアディクション』金剛出版、2016年
- 神庭重信・三村將編『DSM-5を読み解く——伝統的精神病理 DSM-IV、ICD-10をふまえた新時代の精神科診断4 不安症群、強迫症および関連症群、心的外傷およびストレス因関連障害群、解離症群、身体症状症および関連症群』中山書店、2014年
- 神庭重信・池田学編『DSM-5を読み解く——伝統的精神病理 DSM-IV、ICD-10をふまえた新時代の精神科診断5 神経認知障害群、パーソナリティ障害群、性別違和、パラフィリア障害群、性機能不全群』中山書店、2014年
- 中井久夫・山口直彦『看護のための精神医学』医学書院、2001年
- 倉西宏『遺児における親との死別体験の影響と意義——病気遺児、自死遺児、そして震災遺児がたどる心的プロセス』風間書房、2012年
- 電通ダイバーシティ・ラボ「LGBTQ＋調査 2020」
  https://www.dentsu.co.jp/sustainability/sdgs_action/thumb05.html（最終アクセス日 2023年10月20日）
- アリエル・シュワルツ、野坂祐子訳『複雑性PTSDの理解と回復——子ども時代のトラウマを癒すコンパッションとセルフケア』金剛出版、2022年

第 6 章

臨床心理学が活きる場

01

医療領域

医療領域における心理臨床実践の広がり

　日本の医療領域における心理臨床は、1950年代の精神科で始まりました。そこで、心理査定が医学的診断・治療の補助としての有用性を認められたことを契機に、現在では、心療内科、小児科、周産期医療、終末期医療、慢性疾患（腎疾患、がん、糖尿病、甲状腺疾患、HIV など）、遺伝カウンセリングなど、心理臨床の実践領域は広がりつつあります。病院における心理臨床では、幼児から高齢者まで幅広い世代を対象とし、病状を理解するための医学的知識（疾患の特徴や治療法、薬物や治療の特徴とその心理的影響など）を必要とする点が、一つの特色として挙げられます。

医療領域における心理臨床実践の内容

　心理アセスメント、心理療法、地域援助に加えて、医療領域に特徴的な実践内容として、①情報提供と意思決定の援助、②ストレス対策、③生活習慣の改善、④社会的援助、⑤診断不可能な身体症状への心理的援助、⑥身体疾患に伴って発症する心理的問題（うつ、不安など）への心理的援助、⑦医療者のメンタルヘルス、の七つがあります。また、近年、医療では、**生物・心理・社会（BPS）モデル**に基づき、患者を全体的な存在としてとらえる視点が導入され、医師、看護師、薬剤師、作業療法士、理学療法士、栄養士、医療ソーシャルワーカーなどと協力・連携を図りながら治療にあたる**チーム医療**が重要視されています。心理臨床の実践は、その意義が認識されつつありますが、わかりにくさを指摘されることも多く、周囲の理解を得るための地道な努力が必要です。情報共有をはじめ、できるだけ積極的に多職種と話す機会を設け、信頼関係を深めていくことと同時に、自らの専門性を意識化し、内省し続ける姿勢を保つことが求められます。

第
1
章
臨床心理学を
はじめて学ぶ人が
知っておきたいこと

第
2
章
こころの
基本的な
仕組み

第
3
章
代表的な心理療法・
アプローチ

第
4
章
臨床心理学の
アセスメントと
検査方法

第
5
章
臨床心理学の
主な支援対象

第
6
章
臨床心理学が
活きる場

第
7
章
臨床心理学の
専門家

第
8
章
カウンセリ
ングの実際

せん妄が生じたがん患者の事例 図

70代の男性が、肺がんの診断を受け、抗がん剤治療と手術を目的に入院しました。激しく咳き込むことはあるものの、入院生活は順調でした。しかし、手術後、男性はせん妄状態*となり、「病院に監禁された！　家に帰る！」と訴え、点滴を自ら抜き、病院を出て行こうとして暴れるようになりました。

*せん妄状態：せん妄とは、脱水・感染・炎症・貧血・薬物など、身体的な負担がかかったときに生じる「意識の混乱」を指す。具体的には、ぼーっとしたり、辻褄の合わない話をしたり、昼夜のリズムが乱れたり、夕方あたりからソワソワと落ち着かなくなったり、現実にはないものが見えたり、時間・場所がわからなくなったりするなどの症状が生じる

心理職は、せん妄の起こりやすい夕方の決まった時間に定期的に病室を訪れ、男性の現実のような夢のような話に、否定することなく耳を傾けました。しだいに、男性は、心理職の訪室を心待ちにするようになりました。そのなかで、病気をめぐる不安・恐怖、家族を心配する気持ちなどが語られるようになりました。また、男性は、自らの人生について振り返り、やり残したことや後悔の念についても語るようになりました。このように、男性の語りが広がり、深まっていくのと並行して、せん妄状態は徐々に改善していきました。

02
学校

学校におけるこころのケア

　学校現場には、こころの専門家として**スクールカウンセラー**の配置が進められています。学校での子どものこころをめぐる問題は、不登校や学校不適応、いじめ、問題行動などさまざまです。このような問題は、たいてい一つの原因によるものではなく、多くの要素が絡み合って生じてきます。スクールカウンセラーは、子どもをめぐる問題について、安易な原因探しにならないように心がける必要があります。また、子どもがよりよい方向へと成長するためには、どうしてもある程度の時間がかかります。そのため、変化を焦りすぎないことも大切です。スクールカウンセラーには、学校、家庭、またこころの成長に伴う発達課題など、子どもを取り巻く物事の全体を見通す視点をもち、学校全体にかかわることが求められます。

専門職の連携によるチームとしての学校

　最近、**チームとしての学校（チーム学校）**という考え方が提案されています。学校をめぐる問題が複雑化・多様化している現在、**教職員とさまざまな専門性をもつ職員が一つのチームとなって、互いの専門性を活かしてともに学校をつくり上げていく**ことが求められています。スクールカウンセラーも、その一員です。スクールカウンセラーの重要なはたらきの一つに、教職員や保護者との連携、またそのこころのケアがあげられます。また、予防的な取り組みとして、ストレスマネジメントやコミュニケーションスキルの獲得といったこころの健康にかかわる教育や講演の実施も、スクールカウンセラーが担う大切な役割となっています。

学校におけるこころの支援 図

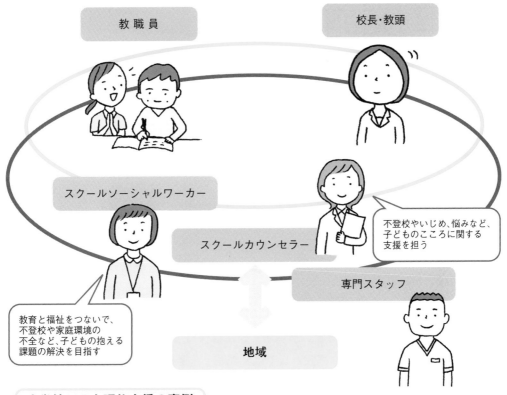

チームとしての学校

教職員

校長・教頭

スクールソーシャルワーカー

スクールカウンセラー

不登校やいじめ、悩みなど、子どものこころに関する支援を担う

専門スタッフ

教育と福祉をつないで、不登校や家庭環境の不全など、子どもの抱える課題の解決を目指す

地域

小学校での心理的支援の事例

　小学4年生の女児Aさんは、夏休みが明けた頃から、朝起きると身体が重い感じがして、学校に行きづらくなりました。当初、両親は心配して「学校を休んでいいよ」と言ったり、一緒に病院に行ってくれたりしましたが、休みが続くようになると「身体は問題ないんだから、学校に行きなさい」と強く言うようになりました。Aさんは、自分でもなぜ登校できないのかわからず、どうしたらよいのかわからなくなってしまいました。

　担任の先生に勧められてスクールカウンセラーに会うと、スクールカウンセラーは「理由はわからないけど、学校に行けない」というAさんの話を真剣に聞いて、両親や先生にAさんの気持ちをどう話したらよいかということを一緒に考えてくれました。まずは週に1回学校に来てスクールカウンセラーと話をするうちに、Aさんは少しずつ担任の先生とも話をしたり、短い時間だけでも教室に入ってみたりしようかな…という気持ちが湧いてきました。

第1章 臨床心理学をはじめて学ぶ人が知っておきたいこと
第2章 こころの基本的な仕組み
第3章 代表的な心理療法・アプローチ
第4章 臨床心理学のアセスメントと検査方法
第5章 臨床心理学の主な支援対象
第6章 臨床心理学が活きる場
第7章 臨床心理学の専門家
第8章 カウンセリングの実際

03

児童関連施設

児童福祉施設と社会的養護

児童福祉法第1条では「すべての児童は適切に養育されること、その生活を保障されること、愛され、保護されること、その心身の健やかな成長及び発達並びにその自立が図られることその他の福祉を等しく保障される権利を有する」と定められています。この児童福祉法に定められている施設を**児童福祉施設**といいます。なかでも代表的なものが**社会的養護**に関する施設です。社会的養護とは養育に大きな困難を抱える家庭への支援を行い、保護者のいない児童や保護者に監護させることが適当でない児童を公的責任で社会的に養育・保護することです。近年の原因はほとんどが虐待です。その背景に児童本人が発達障害を抱えているという場合、または保護者が発達障害を抱えている場合も少なくありません。具体的な施設としては乳児院、児童養護施設、児童自立支援施設、児童心理治療施設、母子生活支援施設等となります。

児童関連施設での心理業務

社会的養護の施設では心理職は遊戯療法等の心理療法、心理検査・発達検査、日常の支援員へのコンサルテーション、他機関との連携の業務等を行います。近年は虐待を受けた児童が多く、**複雑性PTSD**や**愛着障害**等を抱えており、心理療法が重要な取り組みになっています。ほかにも発達障害を抱える児童が増え、児童発達支援センターや近年増加している放課後等デイサービスなどでそのサポートがなされています。過去には、発達障害に心理療法は効果がなく、二次的障害のみにアプローチが可能といわれており、二次障害へのケアやソーシャルスキルトレーニングが中心でした。現在は発達障害児への心理療法が見直されつつあります。

児童関連施設一覧

乳児院	何らかの事情により、保護者が家庭で育てられない状況にある乳幼児を養育する施設
児童養護施設	保護者がいない・虐待されている・その他環境上養護を要する児童を入所させて養護・援助を行う施設
児童自立支援施設	非行や生活上の問題を抱えた児童の自立を支援する施設。入所・通所ともにある
児童心理治療施設	心理的困難や苦しみを抱えて日常生活・社会適応に支障をきたすことで心理治療を必要とする子どもたちを、入所または通所させて治療を行う施設
母子生活支援施設	母子家庭やそれに準ずる事情にある女性とその子どもを入所させて、心身と生活が安定するための相談・援助を進めながら自立を支援する施設
児童家庭支援センター	地域の子ども、家庭、その他の住民からの相談に応じ、専門家が必要な援助を行う施設。児童相談所、児童福祉施設等との連絡調整も行う
児童発達支援センター	児童の発達支援を行い、地域の障害児やその家族への相談・援助・助言を行う地域の中核的な療育支援施設。福祉型と医療型がある
障害児施設	身体・知的・精神・発達に障害がある児童を支援するための通所型の施設
障害児入所施設	視覚・聴覚障害等も含む身体障害・知的障害・精神障害・発達障害などがある児童を入所させて保護し、日常生活の指導や養育、独立自活に必要な知識・技能の提供を行う。これまで障害ごとに分かれていた施設を一元化させたもの。福祉型と医療型とに分かれ、医療型は主に自閉症を含む知的障害児童、肢体不自由児、重症心身障害児が対象となる
児童相談所	子どものおかれた状況を把握、そのうえで子どもや家庭に援助を行い、子どもの福祉・権利を擁護することを目的にしている機関。子どもが心身ともに健やかに育ち、そのもてる力を最大限に発揮することができるよう相談・助言・指導などを行い、その他に療育手帳の交付等も行う。近年の虐待の増加に伴い虐待の防止や予防、さらに緊急性があるときは一時保護、施設入所、里親制度の推進等の業務も中心になっている
放課後等デイサービス	障害児の通所支援施設の一つで、日中や園・学校後の夕方等に通所する。近年増加している施設

第1章 臨床心理学をはじめて学ぶ人が知っておきたいこと

第2章 こころの基本的な仕組み

第3章 代表的な心理療法・アプローチ

第4章 臨床心理学のアセスメントと検査方法

第5章 臨床心理学の主な支援対象

第6章 臨床心理学が活きる場

第7章 臨床心理学の専門家

第8章 カウンセリングの実際

04 障害者支援施設

■ 生活支援と就労移行・地域移行を基盤とした支援

　障害者支援施設とは障害者総合支援法（障害者の日常生活及び社会生活を総合的に支援するための法律）第5条を根拠に設置されている施設で、施設入所支援を基本とし、入所支援以外の障害福祉サービスを行う施設も指します。利用者は知的障害や身体障害等により、介護・援助を要し、在宅生活が難しい障害者です。そこでは**生活介護**、**自立訓練**、**就労移行支援**等を必要としている人に日中活動や夜間の食事・入浴・排泄等の介助、生活に関する相談支援や助言をします。重度の障害者や高齢の障害者に対しては介護や障害への対応、医療的ケア等を中心に居住の場としての役割が大きくあります。近年は地域で支える方向性があるため、地域生活が可能と思われる障害者には、**地域移行支援**も行います。そこでは医師、看護職、理学療法士・作業療法士、生活支援員、栄養士、事務員、そして心理職等のさまざまな職種が配置されており、多職種連携が不可欠です。

■ 障害者支援における心理支援の課題

　精神障害や発達障害と比べて身体障害・知的障害の当事者への心理的支援は十分なされているとはいえません。身体障害・知的障害の当事者への支援としては生活介助や自立訓練等の具体的支援が中心のため、心理支援としては職員へのコンサルテーションや家族支援が中心になっています。その背景には、障害者が抱える心理的な問題が注目されていないこと、さらにそれを見出すためのアセスメントの困難性があるためだと考えられます。身体や知的に障害がある場合、社会的な生きにくさを抱えていることが容易に想像され、心理支援が必要であると考えられます。心理職がより関与していくことでよりよい支援につなげていくことが可能だと考えられます。

障害者支援とそのサービス 図

障害者を対象としたサービスの全体像

市町村

自立支援給付

介護給付
- 居宅介護（ホームヘルプ）
- 重度訪問介護
- 同行援護
- 行動援護
- 重度障害者等包括支援
- 短期入所（ショートステイ）
- 療養介護
- 生活介護
- 施設入所支援

相談支援
- 計画相談支援
- 地域相談支援

障害者・児

訓練等給付
- 自立訓練
- 就労移行支援
- 就労継続支援
- 就労定着支援
- 自立生活援助
- 共同生活援助
  （グループホーム）

自立支援医療
- 更生医療
- 育成医療
- 精神通院医療＊
  ＊実施主体は都道府県等

補装具

地域生活支援事業

- 理解促進研修・啓発
- 自発的活動支援
- 相談支援
- 成年後見制度利用支援
- 成年後見制度法人後見支援
- 意思疎通支援
- 日常生活用具の給付又は貸与

- 手話奉仕員養成研修
- 移動支援
- 地域活動支援センター
- 福祉ホーム
- その他の日常生活または
  社会生活支援

支援

地域生活支援事業

- 専門性の高い相談支援
- 広域的な支援

- 専門性の高い意思疎通支援を
  行う者の養成・派遣
- 意思疎通支援を行う者の派遣に
  係る連絡調整　等

都道府県

出典：全国社会福祉協議会「障害福祉サービスの利用について　2021年4月版」p.3

05 女性支援・DV支援施設

暴力から逃れることの難しさ

　2001（平成13）年に制定された「配偶者からの暴力の防止及び被害者の保護等に関する法律」（**DV防止法**）は、被害者を女性に限定していません。しかし、配偶者からの暴力の被害者は、多くの場合、女性であることが知られています。DVは**身体的暴力**、**精神的暴力**、**性的暴力**の三つに大別でき、いずれも被害者の人権を著しく侵害する行為です。被害者は時に命の危険にも晒されますが、長期にわたる暴力の影響で無気力状態になっていたり、逃げたら殺されるかもしれないという恐怖を覚えていたり、支援を求められない場合も多くあります（**複雑性PTSD**（➡ p.150））。それ以外にも、経済的不安や子どもの心配など、DV環境から抜け出すには大変な困難を伴います。

女性支援を担う施設

　配偶者暴力相談支援センターは被害者支援の中心的役割を担い、各都道府県に必ず設置するよう義務づけられています。機能として、①相談または相談機関の紹介、②カウンセリング、③被害者および同伴者の緊急時における安全の確保および一時保護、④被害者の自立生活促進のための情報提供その他の援助、⑤被害者を居住させ保護する施設の利用についての情報提供その他の援助、⑥保護命令制度の利用についての情報提供その他の援助が挙げられます。女性のさまざまな相談に対応する**婦人相談所**が配偶者暴力相談支援センターとして機能する場合もあり、自治体によって名称や設置される施設はさまざまです。一時保護には**民間シェルター**も活用されます。その他、母子生活支援施設では、母子を保護して生活を支えるとともに、就労や教育に関する相談、助言を行っています。こうした女性支援施設の多くに心理職が配置され、心理的支援を担っています。

女性支援・DV支援施設を利用した支援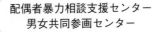

女性支援・DV支援を担う機関

配偶者暴力相談支援センター
男女共同参画センター

警察

婦人相談所

母子生活支援施設

人権・法律相談の窓口
（法テラスなど）

福祉事務所
ハローワーク

医療機関

カウンセリング機関

DV被害者への心理的支援の事例

　　職場で知り合った男性と結婚したAさん（30代女性）は、長男の出産を機に退職し、その頃から夫の日常的な暴力が始まりました。

　　子どもの3歳児健診の際、Aさんの腕のあざに気づいた職員が家庭状況の聞き取りを行い、一時保護を提案します。夫から「役立たず」「しつけが悪い」などの精神的暴力を受けていたAさんは、無力感を抱き、自己肯定感の低下した状態にありました。そのため、「自分にも悪いところがあるから仕方ない」「家を出たら生きていけない」と提案を断ります。しかし、その後も暴力は続き、ある日、激しい物音を聞いた近所の人からの通報で、子どもとともに婦人相談所に一時保護となりました。

　　一時保護中も家を出ることを躊躇していたAさんでしたが、相談所の心理士との面談を通し、これまで自分が受けてきたのはDVだったと気づきます。一時保護終了後は母子生活支援施設に子どもと入所し、職業訓練を受けて就労を開始しました。

　　その後、夫との別れを決意したAさんは、弁護士への相談も経て無事に離婚が成立します。生活も落ち着いたように思えましたが、抑うつ感、悪夢、大きな音がすると不安に襲われるなどのPTSD症状が現れるようになったため、精神科への通院治療とカウンセリングを始めます。夫からの暴力による支配関係を振り返り、少しずつ症状が落ち着いてきました。

第1章 臨床心理学をはじめて学ぶ人が知っておきたいこと

第2章 こころの基本的な仕組み

第3章 代表的な心理療法・アプローチ

第4章 臨床心理学のアセスメントと検査方法

第5章 臨床心理学の主な支援対象

第6章 臨床心理学が活きる場

第7章 臨床心理学の専門家

第8章 カウンセリングの実際

06

高齢者施設

高齢者とそのこころに寄り添う

高齢者福祉施設では、これまで社会福祉士や介護支援専門員がその相談業務のなかで心理支援に近い活動を担うことが多く、こころの専門家が配置されることは多くありませんでした。けれども、高齢者のこころのケアはとても大切な課題であり、少しずつ心理職が導入されてきています。高齢になると、心身の機能の低下を感じるようになります。これまでできていたことが難しくなるというのは、大きなストレスや深い傷つきになり得ます。今の自分を自分のなかにどのように位置づけ、避けることのできない老いや死というテーマにどのように向かい合っていくのか、高齢者とともに考える視点は大切でしょう。一方、**生涯発達**という言葉があるように、人間のこころは成長し続けるものです。このような視点をもつと、高齢者の心理臨床は喪失体験やその受容といったことにとどまらず、成長をやめないこころの深みにふれるような心理療法にもなり得るでしょう。

高齢者施設におけるこころへのアプローチ

高齢者施設では、**回想法**や**芸術療法**など、個人やグループで行う心理療法が取り入れられています。これらの心理療法は、こころの安定やリラクゼーションの効果を得られることに加えて、自分を振り返り、自分をより深く知る機会になります。

高齢者を取り巻く家族や施設職員との連携やその心理支援もまた、重要な課題です。家族にとって、高齢者の変化を受け入れること、またそれに伴う介護は大変なことです。高齢者の心理支援において家族や施設職員の心理的な安定は不可欠な要素であり、心理職の活躍が期待される領域です。

高齢者のこころへのアプローチ

| カウンセリング | 回想法 | 芸術療法 |

高齢者福祉施設での心理的支援の事例

　Cさんは、新しく高齢者福祉施設に入所してきた70代後半の女性です。施設のカウンセラーは、グループ活動のときにCさんがほとんど発言せずにぼんやりした様子であることに気づき、「少しお話しませんか？」とCさんを個別面談に誘いました。

　当初、Cさんは、カウンセラーの尋ねることにかすかにうなずくくらいの反応でしたが、少しずつ、これまで義父母や夫を立ててほとんど自分の意見を言ったことがないことや、夫を亡くしてから自分がどうしたらよいのかわからないことなどを語るようになります。カウンセラーが「Cさん、好きなことはありますか？」と尋ねると、「そういえば……絵を描くことが好きでした」と少し恥ずかしそうに教えてくれました。

　次の面談で、Cさんはカウンセラーに「久しぶりに描いた」という絵を見せてくれました。グループ活動でも、メンバーの語りに熱心に耳を傾けたり、クスッと笑ったりする場面が増え、少しずつCさんらしさやエネルギーが出てきたように感じられました。

07 司法関連領域

司法関連領域における臨床心理学

現在、心理職が活躍する司法関連施設としては、警察・裁判所・矯正施設（刑務所、少年刑務所、拘置所、少年院、少年鑑別所）、保護観察所とその関連施設・児童相談所・児童心理治療施設・病院・大学等が挙げられ、多くは公的な機関・施設になります。

司法関連領域において臨床心理学は、主に「**調査**」と「**矯正教育**」という二つの目的のために用いられています。「調査」では、事件を起こした成人・少年との面接や心理検査・行動観察・関係者への面接等を通して、事件の事実関係や対象者の内的世界（問題性を含む）、それを踏まえた処遇のあり方、予後の見通しなどについてアセスメントをします。また、「矯正教育」では、「調査」で明らかになった結果をもとに、科された刑罰や処分を受け止め、更生と社会復帰に取り組めるように教育していきます。

司法関連領域の特徴とアセスメント・支援実施上の留意点

司法関連領域における臨床場面は、一般の臨床場面とやや異なる特徴を有し、アセスメントの実施や支援を行う際は、以下のような留意点を踏まえる必要があります。①各々の公的機関は、法律に定められた役割で、対象者とかかわること（**手続き性**）、②対象者の多くが非自発的ななかでの臨床場面であること、③担当職員は援助者であると同時に、一定の法的強制力をもつ権力者でもあること（**二重の役割**）、④厳格な守秘義務の一方で、例外もあること、⑤対象者にかかわることのできる時間が制限されていること、⑥他機関連携が重要になってくること、⑦グループの力を活かした矯正教育・矯正処遇が活用されること。また、被害者の存在を常に念頭におきながら、加害者に相対する際に、いかなる姿勢が心理職に求められるのかについても問われることになります。

第
1
章

臨床心理学を
はじめて学ぶ人が
知っておきたいこと

第
2
章

こころの
基本的な
仕組み

第
3
章

代表的な心理療法・
アプローチ

第
4
章

臨床心理学の
アセスメントと
検査方法

第
5
章

臨床心理学の
主な支援対象

第
6
章

臨床心理学が
活きる場

第
7
章

臨床心理学の
専門家

第
8
章

カウンセリ
ングの実際

窃盗で保護観察処分となった少年の事例 図

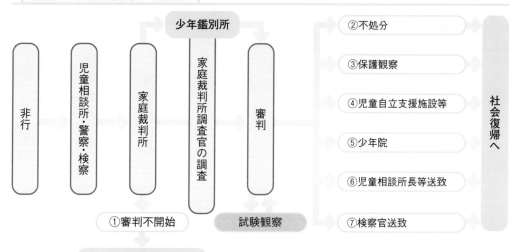

非行から社会復帰への流れ

少年鑑別所

非行 → 児童相談所・警察・検察 → 家庭裁判所 → 家庭裁判所調査官の調査 → 審判

②不処分
③保護観察
④児童自立支援施設等
⑤少年院
⑥児童相談所長等送致
⑦検察官送致

社会復帰へ

①審判不開始

社会復帰へ

試験観察

少年の状況

家族：継父（40歳）、母親（36歳）、本人A（15歳）、弟（5歳）

　Aが2歳のときに、両親は離婚しました。その後、母親は、女手一つで、Aを育てていましたが、当時付き合っていた継父との間に弟が生まれたことを機に、再婚しました。弟は、生まれながらに重篤な心臓疾患を抱えており、入退院を繰り返していました。母親も、その入院に付き添い、家を空ける機会が増えました。その間、Aは継父と2人で生活する時間が多くなりましたが、Aは継父に対して距離を感じ、甘えることはありませんでした。そうしたなか、Aは、自宅のお金を盗むようになりました。母親にきつく叱られるものの、Aの盗みは収まりませんでした。また、中学に入ると、Aは、やんちゃな仲間とつるむようになり、学校を休んで、仲間と遊ぶことも増えていきました。当初は、Aを学校に行かせようとしていた母親も、しだいに諦めて、何も言わなくなりました。

背景：愛情の確認・愛情の代償的解消の可能性
仲間からの承認欲求

事例

　仲間内で、店から誰が一番高い商品を取ってこられるかを勝負する度胸試しが流行るようになりました。Aは内心では、気持ちが乗らないところもありましたが、仲間に認められたいとの思いから、度胸万引きを繰り返しました。最初は、安価な商品を取っていたAでしたが、繰り返すうちに、高額な商品を万引きするようになりました。そうしたなか、Aは万引き場面を店員に見つかり、複数回の万引きを認めたため、警察に通報されました。Aは、家庭裁判所に送致された後、観護措置*により少年鑑別所に収容され、収容審判鑑別の結果、保護観察が適当と判定されました。その後、保護観察官の親身なかかわりにより、少年は保護観察官を父親のように慕うようになるとともに、母親にも甘えられるようになり、やんちゃな仲間との関係も疎遠になっていき、学校へも安定して登校できるようになりました。

*観護措置：主に家庭裁判所に送致された少年の審判を円滑に進めたり、少年の処分を適切に決めるための心理検査や面接を行ったりすることなどが必要な場合に、少年を少年鑑別所に送致し、一定期間そこに収容することを指す。

08

企業・産業カウンセリング

企業・産業カウンセリングとは

　広く企業や組織で働く人々とその家族を対象として、メンタルヘルスや職場適応、キャリア形成などの問題を扱うのが**企業・産業カウンセリング**です。働く人の心理的問題を考えるには、職場内での人間関係や職場環境、所属する企業・組織の体制、労働条件のほか、職場外における家族や人間関係、その人自身のもつ性格傾向や特性、そして現代日本が抱える社会・経済問題、時代の急速な変化、多様性、ジェネレーションギャップなど幅広い視点が求められます。また健康保持の啓発活動なども重要な役割です。

メンタルヘルス不調の予防と連携

　2015（平成27）年より、労働者数50人以上の事業所において年一回の**ストレスチェック制度**の実施が義務づけられました。その目的は働く人のメンタルヘルス不調を未然に予防すること、つまり**一次予防**です。また、メンタルヘルスの不調を早期発見して適切に対応することを**二次予防**、休職などに至った労働者の職場復帰を支援することを**三次予防**と呼びます。企業・産業カウンセリングはそのすべてにかかわりますが、特に三次予防においては職場内の産業医や上司・同僚のほか、職場外の主治医やカウンセラー、その他の対人援助職、**EAP**（Employee Assistance Program：**従業員支援プログラム**）や**リワークプログラム**（復職支援）、さらには家族等々、その人を取り巻くさまざまなソーシャルサポートとの連携が欠かせません。こうした幅広い連携を行う際、その職場がもつ文化やシステムをよく理解し、重視しつつも、あくまでメンタルヘルス不調に陥った労働者本人を中心にして考え、その人に合った心理支援を進めていくことが大切です。

企業・産業カウンセリング 図

産業カウンセリングのプロセスの一例

初 期

うつ状態になって
休職したが
自責と焦りが強い

精神科の通院や薬の
服用には抵抗がある
家族やまわりの目が
気になる

早く復職したい
こんなはずじゃなかった
情けない、申し訳ない

中 期

治療や休息が必要な
自分の状況をしだいに
受け入れられるようになる

一方、こんな状況に
追い込んだ会社に
対する葛藤も募る

デイケアやリワークを開始。
しっかり休もう、
私は今病気なのだから

上司との関係が不安
会社は自分と組織
どちらを大事にするのか

後 期

治療と休息によって
体調が回復してくるが、
再度、焦りと不安が募る

医師やカウンセラー、
家族や友人など周囲
に相談、支援を受けな
がら、ゆっくり回復・
復職

休んだ分、頑張らないと
でも、大丈夫かな……
再発しないかな……

第1章 臨床心理学をはじめて学ぶ人が知っておきたいこと

第2章 こころの基本的な仕組み

第3章 代表的な心理療法・アプローチ

第4章 臨床心理学のアセスメントと検査方法

第5章 臨床心理学の主な支援対象

第6章 臨床心理学が活きる場

第7章 臨床心理学の専門家

第8章 カウンセリングの実際

09

スポーツ領域

競技能力の向上としてのメンタルトレーニング

　スポーツ領域における心理的援助は、**競技者の能力やチーム競技性を高めること**を主な目的としたメンタルトレーニングから始まりました。競技に対する緊張や不安への対処・集中力の向上などのパフォーマンス向上や実力発揮を目指し、健康的なアスリートを対象に行われるアプローチでした。呼吸法や筋弛緩法等を用いた身体の調節からこころのコントロールを行う方法、物事のとらえ方を変えていくことで心理的コンディションの調整を可能にする方法などです。そういった方向性から、例えばチームや大学単位で専属のメンタルトレーナーが配置されたり、プロ野球選手に専属の臨床心理士がついたりというケースもみられるようになってきています。

メンタルトレーニングからスポーツカウンセリングとしての広がり

　近年はスポーツ競技者への心理的援助全般を**スポーツカウンセリング**ととらえるようになっています。つまり、競技力の向上を目的としたアプローチだけではなく、競技者個人の全体をサポートすることです。具体的には競技場面への適応障害、食行動異常や強迫性障害などの心理的・身体的な症状、競技リタイヤも含めたその人生や心理的成熟について、さらには親子・家族関係についても対象とされます。心理療法によって競技者の人格が変容することで、結果的に競技性の向上に至る場合もあります。競技者はその競技レベルが高いほど強い闘争心やこだわり等をもち、日常生活の不適応につながる場合もあります。同時にそれが競技への推進力になっていることもあるため、心理療法の導入によってそれらが解消されることで競技生命に否定的な影響を及ぼす場合があります。競技者を身体表現の芸術家と理解してアプローチする必要性もあります。

スポーツカウンセリングとは 図

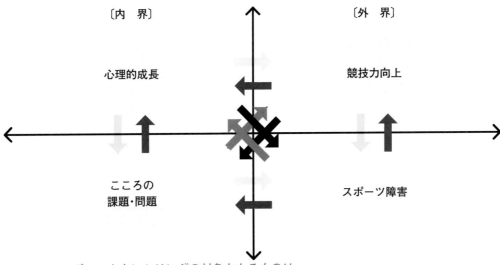

競技者が抱える課題の関係性

〔内　界〕　　　　　　　　　　　　〔外　界〕

心理的成長　　　　　　　　　　　　競技力向上

こころの　　　　　　　　　　　　　スポーツ障害
課題・問題

スポーツカウンセリングの対象となるものは
それぞれが単独で存在しているのではなく、互いに影響を与え合っている

スポーツカウンセリングの内容

心理スキルの指導	心理スキルの習熟を目指すとともに内的成長も視野に入れてかかわる。スキルの習得とともに自己理解を深め、結果として競技成績の向上にもつなげる
現場での コンサルテーション	本人にかかわるコーチやスタッフに本人の理解やかかわりに関する助言を行ったり、スタッフの相談も受けたりする。それらのかかわりを通してアスリート本人の理解につなげる。また、チーム内やスタッフ間の連携の向上等を目指してスタッフ間の調整等の役割を担うこともある
心理的問題の解決	競技にかかわる苦しみや悩みの相談援助を行うことはもちろん、その背景にある心理的課題を見出すよう心がける。つまり、競技にかかわる悩みを入口として、その人全体が抱える課題について取り組む
アスリートの 人生へのかかわり	アスリートの競技期、引退期、キャリア移行後等の長い人生プロセスにカウンセラーとして寄り添い続ける場合がある

10

災害支援、危機介入

● サイコロジカルファーストエイド──直後における危機介入の基本原則

　災害や事件・事故等の危機的状況に陥った場合の危機介入においては、適切なアプローチを行わないと反対に悪化させる場合があります。直後に行うことで効果がみられると知られた心理的支援の方法を**サイコロジカルファーストエイド（PFA）**といいます。これはトラウマ的出来事によって引き起こされる初期の苦痛を軽減することとともに、短期・長期的な適応につながる対処行動が促進されることを目的としています。災害直後に必要なのは現実的援助です。災害に遭った人すべてがトラウマを受けている・話をしたがっているとは考えず、どのような援助を求めているのかを見極めることが重要で、その連続上に心理的支援が浮かび上がってきます。また、災害直後にその体験を詳細に語らせる**心理的デブリーフィング**という手法は、危機介入技法としては不適切で悪化させる場合もあるとして、現在は推奨されていません。

● 災害後の中・長期的支援として

　中・長期的支援としてはPTSDや喪失への悲嘆反応だけではなく、**生活再建プロセスにおける二次的ストレス**から生じる心身への影響が問題となります。そしてこの生活再建の遅れが心理的回復に影響を与えることも指摘されています。具体的にはうつ病などの精神疾患やアルコールの乱用に至る、糖尿病や高血圧等の慢性疾患への管理がおろそかになり悪化させてしまうという問題が生じます。しかし、専門機関に相談する被災者は少ないため、地域保健活動や健康管理を主体とした啓発活動等が重要になります。また、災害は地域のネットワークをバラバラにするため、**居場所づくり**等の場を生み出し、運営することを通した心理的支援も重要であると考えられます。

災害支援における支援の階層性

医療活動：PTSDなどの治療

保健活動：健康教育、啓発活動

生活支援：安心感を高め、つながり・役割を回復する

出典：日本精神神経学会「加藤寛先生に『災害時の精神的ケアについて』を訊く」
https://www.jspn.or.jp/modules/forpublic/index.php?content_id=50（最終アクセス日2023年9月15日）

サイコロジカルファーストエイド（PFA）の目的と内容

1. 被災者に近づき、活動を始める	被災者の求めに応じる。あるいは、被災者に負担をかけない共感的な態度でこちらからアプローチを行う
2. 安全と安心感	当面の安全を確かなものにし、被災者が心身を休められるようにする
3. 安定化	圧倒されている被災者の混乱を鎮め、見通しがもてるようにする
4. 情報を集める―今必要なこと、困っていること	周辺情報を集め、被災者が今必要としていること、困っていることを把握する。そのうえで、その人に合ったPFAを組み立てる
5. 現実的な問題の解決を助ける	今必要としていること、困っていることに取り組むために、被災者を現実的に支援する
6. 周囲の人々とのかかわりを促進する	家族・友人など身近にいて支えてくれる人や、地域の援助機関とのかかわりを促進し、その関係が長続きするよう援助する
7. 対処に役立つ情報	苦痛を和らげ、適応的な機能を高めるために、ストレス反応と対処の方法について知ってもらう
8. 紹介と引き継ぎ	被災者が今必要としている、あるいは将来必要となるサービスを紹介し、引き継ぎを行う

第1章 臨床心理学をはじめて学ぶ人が知っておきたいこと

第2章 こころの基本的な仕組み

第3章 代表的な心理療法・アプローチ

第4章 臨床心理学のアセスメントと検査方法

第5章 臨床心理学の主な支援対象

第6章 臨床心理学が活きる場

第7章 臨床心理学の専門家

第8章 カウンセリングの実際

第6章参考文献

- 宮城まり子編著、今村幸太郎・杉山雅宏・山蔦圭輔・渡部卓・渡邉祐子『社会人のための産業カウンセリング入門』産業能率大学出版部、2014年
- 内閣府男女共同参画局『市町村の配偶者暴力相談支援センターの設置促進のための手引』平成25年4月
- 中込四郎『アスリートの心理臨床──スポーツカウンセリング』道和書院、2004年
- アメリカ国立子どもトラウマティックストレス・ネットワーク、アメリカ国立PTSDセンター、兵庫県こころのケアセンター訳『サイコロジカル・ファーストエイド実施の手引き 第2版』2009年
- 酒井明夫・丹羽真一・松岡洋夫監『災害時のメンタルヘルス』医学書院、2016年

臨床心理学の専門家

01

臨床心理士

■ 「こころの専門家」としての臨床心理士

　臨床心理士は、臨床心理学にもとづく知識や技術を用いて、こころの問題にアプローチする「こころの専門家」です。カウンセラーや心理相談員など、こころの問題を扱う職種や名称はさまざまありますが、臨床心理士は公益財団法人日本臨床心理士資格認定協会が認定する資格であり、高度な専門知識と臨床経験が認定の条件となっています。1988（昭和63）年に第1号の臨床心理士が誕生して以来、あらゆる分野で幅広く活躍しています。今では当たり前の存在となった**スクールカウンセラー**も、文部科学省が1995（平成7）年より、全国の公立中学校に臨床心理士の派遣を始めたことから普及しました。臨床心理士はいわば「カウンセラー」の代名詞ともなり、生活に浸透した存在といえるでしょう。スクールカウンセラー事業、災害時の緊急支援、自殺対策、その他さまざまな社会問題において心理援助の重要性を訴え、支援を広げてきました。

■ 臨床心理士の専門性

　臨床心理士の専門業務には、①臨床心理査定、②臨床心理面接、③臨床心理的地域援助、④研究活動があります。また、臨床心理士が活動する領域は、教育、医療、司法、福祉、産業など多岐にわたります。それは、臨床心理士資格が「汎用性」を特徴とするためです。あらゆる領域のあらゆる活動において、そこに人がかかわっている限り、当然ながら人のこころのはたらきがあります。臨床心理士はそうした人のこころの営みすべてにかかわり、臨床心理学的な支援を目指す資格といえます。「臨床（clinical）」という言葉には、「ベッドサイドに臨む」という意味がありますが、悩める人の傍らに常に寄り添う姿勢こそ、臨床心理士が大切にしてきたものといえるでしょう。

臨床心理士の専門業務

臨床心理査定	面接や観察、心理検査などによって、クライエントの問題や状況を明らかにし、支援の方針を決定する
臨床心理面接	カウンセリング・心理療法ともいわれるもので、クライエントの課題に応じてさまざまな臨床心理学的方法を用いて支援する
臨床心理的地域援助	個人を対象とするだけでなく、地域住民や学校、職場などコミュニティのこころの健康を支え、支援活動を行う
研究活動	臨床心理学の知見を確実なものにするため、基礎となる臨床心理的調査や研究活動を実施する

臨床心理士が活躍する場

児童相談所・児童福祉施設・女性DV相談・
障害者相談機関・発達相談・
子育て支援センター・高齢者福祉施設　etc

スクールカウンセラー・
教育相談室・教育センター・
教育研究所　etc

福祉

教育

医療・保健

病院・クリニック・
精神保健福祉
センター・保健所・
リハビリテーション施設・
老人保健施設　etc

企業内の健康管理室・
相談室・外部EAP機関・
障害者職業センター・
公立職業安定所　etc

臨床心理士は
みなさんのお近くにいます

産業・労働

**司法・法務・
警察**

家庭裁判所・少年鑑別所・
少年院・刑務所・保護観察所・
警察関係の相談所・
犯罪被害者相談室　etc

**大学・
研究所**

**私設心理
相談**

個人またはグループの
運営する心理相談室・
カウンセリングセンター
etc

大学(学生相談室を含む)・
専門学校・研究機関・
大学付属臨床心理センター　etc

一人ひとりのクライエントに対する臨床心理面接を中核としながら幅広い領域において活躍しています。
出典:一般社団法人日本臨床心理士会ホームページ　https://www.jsccp.jp/(最終アクセス日2023年10月20日)

第1章 臨床心理学をはじめて学ぶ人が知っておきたいこと

第2章 こころの基本的な仕組み

第3章 代表的な心理療法・アプローチ

第4章 臨床心理学のアセスメントと検査方法

第5章 臨床心理学の主な支援対象

第6章 臨床心理学が活きる場

第7章 臨床心理学の専門家

第8章 カウンセリングの実際

02

公認心理師

心理職唯一の国家資格

公認心理師とは、心理職唯一の国家資格です。文部科学省・厚生労働省共管の公認心理師法に基づき、国民のこころの健康の保持増進に寄与します。公認心理師法は2017（平成29）年度に施行、2018（平成30）年度に国家試験が開催され、最初の公認心理師が誕生しました。国家資格であるということは、法のもと国民に対する責任を負うことを意味しています。臨床心理学的な知識や技術のみならず、公認心理師の職責や、活動する分野の関連法規についても十分理解し、業務にあたることが求められています。

多職種連携への期待

公認心理師の活動領域も、医療、福祉、教育、司法、産業など多岐にわたります。それぞれの領域で、医師や看護師、教員など、ほかの専門職と協力して働く**多職種連携**での活躍が期待されています。

文部科学省は、複雑化・多様化した教育現場の課題を解決するために、学校組織のあり方を見直し、「**チーム学校**」をつくり上げていくことを目指しています。そのうちの一つの取り組みが、「専門性に基づくチーム体制の構築」です。公認心理師はスクールカウンセラーなどチームの一員として、専門性を発揮することが求められます。

医療領域においても、厚生労働省が「**チーム医療**」を推進しています。医療現場の多種多様なスタッフが各自の専門性を発揮しながら、連携・補完し合い、患者に適切なケアを提供することを目的とします。チーム医療においても、公認心理師はチームのなかで心理専門職としてのはたらきが期待されます。

公認心理師の専門業務（公認心理師法第2条）

(1)　心理に関する支援を要する者の心理状態を観察し、その結果を分析すること

(2)　心理に関する支援を要する者に対し、その心理に関する相談に応じ、助言、指導その他の援助を行うこと

(3)　心理に関する支援を要する者の関係者に対し、その相談に応じ、助言、指導その他の援助を行うこと

(4)　心の健康に関する知識の普及を図るための教育及び情報の提供を行うこと

「チーム学校」のイメージ

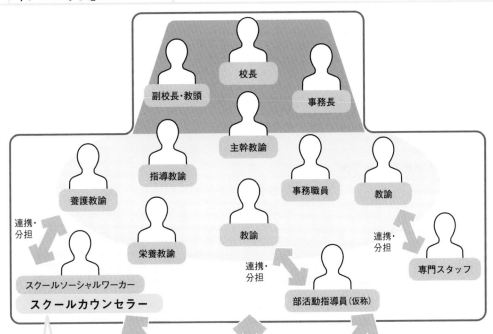

校長

副校長・教頭

事務長

主幹教諭

指導教諭

養護教諭

事務職員

教諭

栄養教諭

教諭

専門スタッフ

連携・分担

連携・分担

連携・分担

スクールソーシャルワーカー

スクールカウンセラー

部活動指導員（仮称）

他職種と緊密なコミュニケーションをとりながら、心理的アセスメントなどの専門性をチームのなかで発揮し、支援を充実させることが期待される

組織的に連携・協働

地域社会

第1章　臨床心理学をはじめて学ぶ人が知っておきたいこと

第2章　こころの基本的な仕組み

第3章　代表的な心理療法・アプローチ

第4章　臨床心理学のアセスメントと検査方法

第5章　臨床心理学の主な支援対象

第6章　臨床心理学が活きる場

第7章　臨床心理学の専門家

第8章　カウンセリングの実際

03

臨床心理関連資格の
とり方

臨床心理士資格のとり方

　臨床心理士資格は、公益財団法人日本臨床心理士資格認定協会が実施する資格試験に合格することで取得できます。受験資格を得るには、臨床心理士養成カリキュラムを有する指定大学院または専門職大学院を修了することが基本となります。また、臨床心理士は生涯資格ではなく、5年ごとの資格更新が必要となります。研修会・学会への参加や研究発表などを行うことが資格更新につながり、有資格者の継続的な自己研鑽を義務づける制度となっています。

公認心理師資格のとり方

　公認心理師資格は、国家試験である公認心理師試験に合格し、公認心理師として所定の登録をすることで取得できます。受験のためには、まず公認心理師カリキュラムを有する4年制大学に入学し、定められた科目を修得する必要があります。卒業後は公認心理師カリキュラムをもつ大学院に入学して所定の科目を修めるか、特定の施設で2年以上の実務経験を積むことで受験資格が得られます。しかし、後者の「特定の施設」は公的機関など数が限られており（2023（令和5）年現在）、実質は大学院進学が必要です。

臨床心理学を活かすその他の資格

　公務員として働く心理専門職として、法務省専門職員、心理判定員、児童心理司などが挙げられます。いずれも公務員試験に合格することが必要です。その他、民間資格としてもさまざまな資格があり、例えば産業カウンセラーは、所定の受験資格を得て、産業カウンセラー試験に合格することで取得できます。

臨床心理関連資格のとり方 図

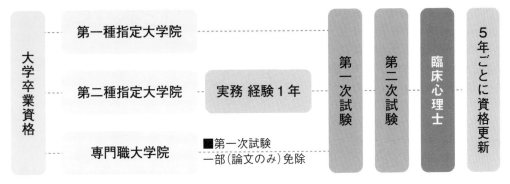

臨床心理士の資格取得のプロセス

大学卒業資格

第一種指定大学院

第二種指定大学院 → 実務 経験１年

専門職大学院 → ■第一次試験 一部（論文のみ）免除

→ 第一次試験 → 第二次試験 → 臨床心理士 → ５年ごとに資格更新

※５年ごとの資格更新制。更新のためには、教育研修の機会に積極的に参加していることを示す必要がある

公認心理師の資格取得のプロセス

大 学
大学において資格に必要な科目を修めて卒業

▶

大学院
大学院において資格に必要な科目を修めて卒業

or

実務経験
所定の施設で心理に関する支援業務に従事（実務２年）

▶ 国家試験 ▶ **公認心理師**

公認心理師には、更新制度はありませんが、臨床心理士と同じように生涯にわたり学び続ける姿勢が大切です！

第１章 臨床心理学をはじめて学ぶ人が知っておきたいこと

第２章 こころの基本的な仕組み

第３章 代表的な心理療法・アプローチ

第４章 臨床心理学のアセスメントと検査方法

第５章 臨床心理学の主な支援対象

第６章 臨床心理学の活きる場

第７章 臨床心理学の専門家

第８章 カウンセリングの実際

04

臨床心理の専門家に
向いている人

▶ 目に見えないこころの変化に寄り添う

　臨床心理の専門家を目指すのは、どのような人でしょうか。おそらく、悩んでいる人を助けたい、力になりたいという思いをもっている人が多いでしょう。もしかしたら、自分自身もつらい体験をして、それを活かして人の役に立ちたいと考えているかもしれません。こうした熱意は、臨床心理を学ぶ大きな原動力になってくれるはずです。しかし、身体の怪我や病気とは異なり、こころの問題は目に見えず、変化もわかりにくいものです。カウンセラーがどれだけ自己研鑽に努め、努力したとしても、すぐに結果が現れるとは限りません。また、クライエントが生きる世界は、時にあまりに理不尽で暴力的で、カウンセラーは無力感を覚えざるを得ません。臨床心理の専門家に必要なのは上記のような熱意だけではなく、先の見えない状況に耐え、無力である自分を誠実に認め、それでもクライエントとともにこころのプロセスを歩む力といえるかもしれません。この力は、ロジャーズの提唱した**自己一致（純粋性）**（➡ p.58）や、**ネガティブ・ケイパビリティ**の考え方にもつながるものといえます。

▶ 自分を保ち、学び続けること

　このように、こころのプロセスに付き添うには大変なエネルギーが必要です。カウンセラーがバーンアウト（➡ p.200）することなく自分を保ち、こころの営みへの興味・関心を失うことなく、学び続けることができるかが重要です。カウンセラー自身が学びを怠らないことは、クライエントへの敬意にもつながるものです。また、クライエントが抱える問題は、この社会の課題とも密接につながっています。社会の変化に興味をもって敏感にキャッチし、こころの問題の背景として考え続ける姿勢も大切です。

専門家として学び続けること

・学会・研修会への参加・発表
・スーパービジョン・教育分析を受ける
・ケースカンファレンスに出席する
・文献を読む、調べる
・他分野や他職種についても学ぶ
・社会問題・時事問題にもアンテナを張り、
　考える　　など

臨床心理士倫理綱領

倫理綱領：臨床心理士が遵守すべき道義的責任および社会的責任を定めたもの

<責任>
第1条 臨床心理士は自らの専門的業務の及ぼす結果に責任をもたなければならない。その業務の遂行に際しては、来談者等の人権尊重を第一義と心得るとともに、臨床心理士資格を有することに伴う社会的・道義的責任をもつ。
<技能>
第2条 臨床心理士は訓練と経験により的確と認められた技能によって来談者に援助・介入を行うものである。そのため常にその知識と技術を研鑽し、高度の技能水準を保つように努めなければならない。一方、自らの能力と技術の限界についても十分にわきまえておかなくてはならない。

＊公益財団法人日本臨床心理士資格認定協会「臨床心理士倫理綱領」より抜粋

ネガティブ・ケイパビリティ (negative capability)

さまざまな定義があるが、答えが見えず、あいまいで不確実な状況でも、耐えることができる力。精神科医療や福祉領域など、ケアの現場で必要となる能力として注目されている

第1章 臨床心理学をはじめて学ぶ人が知っておきたいこと

第2章 こころの基本的な仕組み

第3章 代表的な心理療法・アプローチ

第4章 臨床心理学のアセスメントと検査方法

第5章 臨床心理学の主な支援対象

第6章 臨床心理学が活きる場

第7章 臨床心理学の専門家

第8章 カウンセリングの実際

05

バーンアウトと
メンタルケア

■ バーンアウト（燃え尽き症候群）とは

　バーンアウトは、日本では**燃え尽き症候群**ともいわれます。仕事などにそれまで熱心に邁進していた人が、まるで燃え尽きたかのように突然やる気を失ってしまう状態を指します。極度の身体疲労と感情の枯渇を示すのが特徴で、**情緒的消耗感**（情緒的に力を出し尽くし、消耗してしまった状態）、**脱人格化**（クライエントに対する無情で、非人間的な対応）、**個人的達成感の減退**（仕事に対する有能感や達成感が感じられない）の3点から定義されています。朝起きられない・職場に行きたくない・アルコールの量が増える・抑うつ感やイライラが募る・対人関係を避けるといった症状がみられ、社会的な適応が難しくなります。

■ 感情労働とバーンアウト

　バーンアウトは、医療・福祉・教育など、対人援助職に多いとされています。これらの職種は高い離職率と休職率で知られており、その背景の一つにバーンアウトの問題が考えられます。対人援助職は仕事のうえで感情のコントロールが求められ、こうした労働は**感情労働**と呼ばれます。疲れていても笑顔を絶やさないようにしたり、本心を隠したりする必要があるため、高ストレス状態に陥りやすくなります。また、人を相手とするため「どこまでやれば正解か」がわからず、働き過ぎる傾向があります。心理職も感情労働と考えられ、バーンアウトのリスクが高い職業といえます。バーンアウトを予防するメンタルケアのために、まずは自分自身のストレスや疲れに気づくことが必要となります。自分に合ったメンタルケアの方法をもっておくことや、スーパービジョンなどを受けて一人で抱え込まないことも大切です。

日本版バーンアウト尺度

1	こんな仕事，もうやめたいと思うことがある。	E
2	われを忘れるほど仕事に熱中することがある。	PA
3	こまごまと気くばりすることが面倒に感じることがある。	D
4	この仕事は私の性分に合っていると思うことがある。	PA
5	同僚や患者の顔を見るのも嫌になることがある。	D
6	自分の仕事がつまらなく思えてしかたのないことがある。	D
7	1日の仕事が終わると「やっと終わった」と感じることがある。	E
8	出勤前，職場に出るのが嫌になって，家にいたいと思うことがある。	E
9	仕事を終えて，今日は気持ちのよい日だったと思うことがある。	PA
10	同僚や患者と，何も話したくなくなることがある。	D
11	仕事の結果はどうでもよいと思うことがある。	D
12	仕事のために心にゆとりがなくなったと感じることがある。	E
13	今の仕事に，心から喜びを感じることがある。	PA
14	今の仕事は，私にとってあまり意味がないと思うことがある。	D
15	仕事が楽しくて，知らないうちに時間がすぎることがある。	PA
16	体も気持ちも疲れはてたと思うことがある。	E
17	われながら，仕事をうまくやり終えたと思うことがある。	PA

注 E：情緒的消耗感、D：脱人格化、PA：個人的達成感（逆転項目：ほかの質問と得点の意味が逆になっている項目）
出典：久保真人「バーンアウト（燃え尽き症候群）——ヒューマンサービス職のストレス」『日本労働研究雑誌』第558号、独立行政法人労働政策研究・研修機構、p.57、2007年

心理職をサポートする仕組み

スーパービジョン	同じ専門家であり、自分よりも経験豊富なスーパーバイザーに、臨床実践の具体的な相談をして指導を受ける
ケースカンファレンス	特定の事例をグループでディスカッションして検討する

第1章 臨床心理学をはじめて学ぶ人が知っておきたいこと
第2章 こころの基本的な仕組み
第3章 代表的な心理療法・アプローチ
第4章 臨床心理学のアセスメントと検査方法
第5章 臨床心理学の主な支援対象
第6章 臨床心理学が活きる場
第7章 臨床心理学の専門家
第8章 カウンセリングの実際

第7章参考文献

- 公益財団法人日本臨床心理士資格認定協会ホームページ　http://fjcbcp.or.jp/
- 一般社団法人日本臨床心理士会ホームページ　https://www.jsccp.jp/
- 中央教育審議会『チームとしての学校の在り方と今後の改善方策について（答申）』平成27年12月21日
- 帚木蓬生『ネガティブ・ケイパビリティ―答えの出ない事態に耐える力』朝日選書、2017年
- 小川公代『ケアの倫理とエンパワメント』講談社、2021年
- 近藤孝司「心理職のバーンアウト研究の動向と展望」『兵庫教育大学教育実践学論集』第23号、pp.101－108、2022年

カウンセリングの実際

01

カウンセリングを
受けるには

■ カウンセラーはどこにいるの？

　カウンセリングを受けることができる場所は、カウンセラーのいる医療機関、キンダーカウンセラーがいる幼稚園や保育園、スクールカウンセラーがいる小学校・中学校・高校・大学等、産業カウンセラーが配置されている企業などです。つまり、皆さんが日常生活のなかで利用している機関等にカウンセラーが配置されています。また、カウンセラーが独自に開業しているカウンセリングルーム、そして、大学に付属した心理臨床センターなどでは枠組みのある個別心理療法を受けることができます。そして、困っている本人だけではなく、その家族も来談が可能です。また、カウンセリングで扱う内容は明確な症状だけではなく、ある種の生きることへの不全感等のような曖昧な場合もあります。さらに自分自身を知りたい、自分を深めたいという目的で来談する人もいます。

■ 臨床心理士・公認心理師がいる機関で受けることができる

　カウンセラーという名称は、誰でも名乗ることができます。しかし、臨床心理士や公認心理師は学部と大学院で専門的な訓練を受けて資格試験に合格した人しか名乗ることができません。インターネットで検索するとさまざまなカウンセラーが出てきますが、カウンセリングを受けるには臨床心理士・公認心理師の資格をもっている人がいる機関がおすすめです。ただ、公認心理師は資格の移行期間の関係で、教師や看護師、社会福祉士等何らかの相談業務に携わっていた場合は資格を得ることができました。そのため、公認心理師のなかには専門性の中核が臨床心理学ではなく、心理療法の訓練を受けていない人もいます。また、カウンセラーによって専門性は異なり、相性の問題も大きいため、カウンセラーと一度会ってから相談の継続を検討することも一つです。

第1章 臨床心理学をはじめて学ぶ人が知っておきたいこと

第2章 こころの基本的な仕組み

第3章 代表的な心理療法・アプローチ

第4章 臨床心理学のアセスメントと検査方法

第5章 臨床心理学の主な支援対象

第6章 臨床心理学が活きる場

第7章 臨床心理学の専門家

第8章 カウンセリングの実際

臨床心理士・公認心理師がいる機関

機関種別	名称や概要
医療機関	精神科・心療内科だけでなく、身体疾患を扱う医療機関でも心理士が増えている
小学校、中学校、高校	スクールカウンセラー
幼稚園・保育園	キンダーカウンセラー
大学	学生相談室
個人開業のカウンセリングルーム	所属するカウンセラーによって特色が異なる
大学付属の心理相談室	相談を受けることができるとともに、大学院生の訓練を行う機関でもある

臨床心理士と公認心理師

臨床心理士のみ　臨床心理士　公認心理師　公認心理師のみ

両資格保持者

事例　第1話：相談申込み

クライエント：Aさん、25歳、女性、会社員（3年目）

家族：父、母、弟の4人家族。実家暮らし。

　現在入社して3年目の会社員で仕事も何とかこなすことができるようになりましたが、3年目の5月に仕事に行くのが億劫になり、気分が落ち込むことも増えました。毎朝腹痛や頭痛がして出勤できない日が増え、出勤できた日も体調が悪くなり、早退することも多くありました。身体疾患の可能性を考えて内科や脳神経科等の病院に行くも身体に問題はないと言われました。こころの問題ではないかと精神科も受診しましたが、薬を出されるだけで自分には合っていないと思い、カウンセリングが受けられるところを探すことにしました。インターネットで調べると、複数のカウンセリングルームが見つかりました。そのなかでも**臨床心理士と公認心理師の両方の資格をもっているカウンセラー**がいるカウンセリングルームを見つけ、そこに相談申込みを行うことにしました（第2話（p.207）に続く）。

02

初回面接
（インテーク面接）

■ 出会いと信頼関係の構築

　心理療法は人が人にかかわることを通して治療を行うものであるため**出会い**が極めて重要です。どう出会うかで、心理療法のプロセス自体が決まるといっても過言ではありません。そして、そのうえで**クライエントとの信頼関係**を結ぶ必要があります。そのような信頼関係を結び、継続して来談してもよいと思えるような体験を提供することが初回面接（インテーク面接）では重要になります。そのためにも相談したいこと（主訴）を丁寧に聞くことがまず大切です。これまで誰にも話したことがない、または誰かに頼ったことがないという人もいます。初めて語るその時間を、**一回性**（同じことは二度と生じない、一回きりのものとして大事にすること）の態度で丁寧に聞くのです。また子どものセラピーでは、子どもと保護者それぞれに**インテーク面接**を行います。その後も、子どもと保護者それぞれがカウンセリングを受ける並行面接という形になります。

■ 見立てるために必要な情報を聴く

　言語的・非言語的なコミュニケーションを通して見立てやアセスメントに必要な情報を集めていきます。言語的には主訴の内容とその経過（いつから始まり・どのように対処してきたのか等）、現在の家族や育ってきた原家族のこと、そして生育歴等を聞き、必要に応じて心理検査も行ったうえで見立てます。それらを踏まえて心理療法でどのようなことに取り組んでいくのかという目的を定め、クライエントが抱える問題の予後も含めて見通しを立てる必要があります。それらをクライエントに伝え、同意を得たうえで治療契約を結びます。そして来談頻度を定めて継続面接に移行します。なお、インテーク面接は1回で完結するほうがよいですが、複数回必要になる場合もあります。

第
1
章
臨床心理学を
はじめて学ぶ人が
知っておきたいこと

第
2
章
こころの
基本的な
仕組み

第
3
章
代表的な心理療法・
アプローチ

第
4
章
臨床心理学の
アセスメントと
検査方法

第
5
章
臨床心理学の
主な支援対象

第
6
章
臨床心理学が
活きる場

第
7
章
臨床心理学の
専門家

第
8
章
カウンセリ
ングの実際

インテーク面接における重要点 図

インテーク面接

心理検査

家　族

主訴と経過

生育歴

事例　第2話：インテーク面接

　インテーク面接でカウンセラーが主訴を尋ねると、Aさんは次のようなことを語りました。仕事は何とかやれていましたが、3年目になって指導を担当する後輩ができて仕事が急激に増え、残業の日もかなり多くなりました。後輩指導は楽しく、やりがいもありましたが、業務量が増えることで無理をするようになっていました。

　さらに、その年の4月に異動してきた中年の女性がとてもいい人なのに、なぜかものすごく苦手でしんどく思うことが増えたのだと言います。不眠や食欲不振もあり、気持ちが強く落ち込むことも増えていました。友達や家族に相談しても励まされるばかりで、無理してもっと頑張らないといけないのかと追い詰められ、どうしようもなくなっていることがわかりました。

　バウムテストも実施すると、葉が少なく枯れそうな弱弱しい印象の木でしたが、右上に向かう枝だけは力強く伸びており幹もしっかりとしていました。ただ、根元はやや不安定感が見られました。Aさんは「何か疲れていそうな木ですね…。でも右上のぴょーんってなっているとこ、好きです」と感想を教えてくれました。また描いた後に新しく次のようなことも語ってくれました。

　学生時代から真面目に生きてきたAさんは、仕事も真面目にこなしてきました。ただ、真面目であるため、**人に頼ることが苦手**で、**何でも完璧にこなさないといけない、人の期待に応えないといけない**と考えてきたとのことでした。

　これらの話をカウンセラーは安易に助言等はせずに丁寧に真摯に聴きました。Aさんはこのカウンセラーを信頼して続けて相談に行くことにしました（第3話（p.209）に続く）。

03

アセスメント
（見立てる）

● 心理検査とアセスメント・見立て

　医者が診断を行って治療するように、カウンセリングで語られたさまざまな情報や心理検査・発達検査等の結果から来談者を**アセスメント（見立て）**したうえでセラピーをします。表に現れる主訴があり、その背景にはどのような状況や難しさが生じているのかを把握し、治療方針を決めるとともに今後の見通しをもつために行います。そして表に出ている症状等の問題だけではなく、その人が抱える本質的な課題を理解すること、さらには肯定的な力や今後の可能性を把握することも大きな目的でもあります。そのためには精神医学的理解だけではなく、常識にとらわれずに人間のこころの多様なあり方を理解しようと試みる必要があります。また、心理療法だけで事足りるのかどうかの判断も行い、必要に応じてほかの専門機関への紹介の必要性を検討することも重要です。

● 病態水準と発達障害のスペクトラム

　アセスメントに際して大きく二つの観点をもつことは重要です。一つは病態水準という考え方です。病態水準は四つに大きく分類されます。それは**健常水準**といういわゆる健康である状態のこと、次に**神経症水準**はさまざまな症状はあるものの自我の強さや現実検討能力は保たれ、内省やこころの内側を積極的に扱う心理療法の技法に乗ることが可能な状態のことです。次に**パーソナリティ障害水準**は自我が比較的弱く現実検討能力が低下して行動化にも至りやすい状態のこと、最後に**精神病水準**は現実検討能力が大きく低下し、医療との連携が必須で慎重な姿勢が必要となるものです。これらに加えて近年は発達障害の有無や程度を考える必要があります。重なりをもつとともにスペクトラム状になっている発達障害のアセスメントも重要になります。

第1章 臨床心理学をはじめて学ぶ人が知っておきたいこと

第2章 こころの基本的な仕組み

第3章 代表的な心理療法・アプローチ

第4章 臨床心理学のアセスメントと検査方法

第5章 臨床心理学の主な支援対象

第6章 臨床心理学が活きる場

第7章 臨床心理学の専門家

第8章 カウンセリングの実際

病態水準の概要

健常水準	健康的で自我や現実検討能力が保たれている状態
神経症水準	強い葛藤や苦悩する状態ではあるものの、現実検討能力（現実を正しく認識する能力）は保たれ、内面を扱う等の通常の心理療法の技法に乗ることが可能な状態
パーソナリティ障害水準	自我が比較的弱く他者や世間と折り合いがつけられないために現実検討能力が低下し、感情を抱えきれずに行動化（無意識な衝動、欲求などを行動によって表現する）にも至りやすい状態
精神病水準	自我を圧倒するような症状のために現実検討能力が大きく低下し、医療との連携が必須で極めて慎重・丁寧な対応が必要となる状態

事例　第3話：見立てる

　Aさんの状況や語られた症状、バウムテストの結果から、カウンセラーは仕事量が増えて過労状態であり、**抑うつ傾向**であると考えました。そのため、環境調整（仕事を減らしてもらう）を行うとともに、休職や服薬も検討する必要があると伝え、連携先の心療内科に受診するよう提案するとAさんは同意し、受診しました。また、家族に関する話から、母親はAさんに大きな期待を向けて強く励まして頑張らせるということを常にしてきたようでした。Aさんもその期待に応えようと努力してここまでやってきましたが、母親はAさんが失敗したときは強く失望を示し、Aさんはその態度にいつも傷ついていたのだといいます。

　カウンセラーが異動してきた女性がどんな人か尋ね、Aさんの話を聞くと、母親とその女性が似ており重ねていたことに気づくことができました。Aさんは内省も可能で現実的な対処を行っていける力をもっており、病態水準は**神経症水準**であると考えられました。完璧主義的なこだわりのようなものをもっていますが、発達障害起因のものではないように考えられました。そして母親との関係性が重要であるように思われ、その点を背景にしてAさんが本当に望むあり方で生きることができているか、深層心理に眠っている本当の思いをこれから取り扱っていく可能性もあるとカウンセラーは見立てました（第4話（p.211）に続く）。

04

カウンセラーと
クライエントの関係

関係の深まりと距離ある関係性

　こころには身体と同じように**自己治癒力**が備わっています。こころの自己治癒力が活性化するようできるだけオープンな態度で接し、**自由で保護された空間**を提供します。するとクライエントのこころは自由に動き始め、自ら生き方の新しい方向性を見出そうとします。そのために心理療法の初期ではいかに出会い・関係をつなぐかが重要となり、その関係性を深めることこそが治療になります。つまり、関係を結び、深めることは心理療法における始まりであり、最終的な目標でもあるといえます。ただ、関係性が深まると、クライエントもカウンセラーも互いに強く深い感情の渦に入る場合があります。これは治療的に意味のある状態ですが、そこで関係が破綻しないように**関与しながらの観察**という態度が必要になります。これはクライエントの状態を理解する際に、自身が関与している影響も加味して理解を試みることです。つまり、深い関係性を結ぶとともにそれを観察できる立ち位置も保つという両方のあり方を生じさせることが必要です。

関係性の深まりと転移・逆転移

　関係性が深まりを見せると、クライエントがカウンセラーに強い肯定的な感情を向けたり、逆に怒りや不満等の否定的感情を向けたりするようになる場合があります。これは自身のこころの内にある親などの重要な他者との関係性が再現され、その重要な他者への感情がカウンセラーに向けられるからです。このようなことを**転移**といいます。人はこのような固定的となった関係性のパターンをもち、それを繰り返してしまうことがあります。また、転移がカウンセラーに生じてしまうこともあり、それを**逆転移**といいます。転移・逆転移が生じるような深く複雑な関係性を理解して取り扱うことが重要です。

第1章 臨床心理学を はじめて学ぶ人が 知っておきたいこと

第2章 こころの 基本的な 仕組み

第3章 代表的な心理療法・ アプローチ

第4章 臨床心理学の アセスメントと 検査方法

第5章 臨床心理学の 主な支援対象

第6章 臨床心理学が 活きる場

第7章 臨床心理学の 専門家

第8章 カウンセリ ングの実際

カウンセラーの態度と転移・逆転移

自己治癒力を信じる

同じ人間として
真摯に向き合う

関与しながらの観察

侵入的にならない態度

自由で保護された空間

カウンセラー

クライエント

逆転移的にカウンセラーの過去の
関係性パターンが出たりしないか等、
カウンセラー自身の反応も
丁寧に理解する

クライエントの過去の関係性の
パターンが出る。
その分析や特徴を
理解して対処していく

事例 第4話：カウンセラーとの出会い

　カウンセラーとの出会いをAさんの視点から振り返ります。来談が決まった際にAさんはさまざまな心配がありましたが、カウンセラーからカウンセリングについての説明を事前に電話で丁寧にしてもらいました。直接会うと柔らかそうな雰囲気の 40 代ぐらいの女性でした。主訴を話し始めると、カウンセラーはこちらの話にあいづちやうなずきを入れながら、丁寧に話を聴いてくれました。そのため、Aさんはたくさん話したくなり、相談内容以外の自分の関心がある好きな話もついしたくなっていました。そしてカウンセラーはそうした話にも関心をもって聴いてくれました。すると**安心できる気持ちが出る**とともに、ここは**自由でいていいんだと感じる**ようにもなりました。Aさんは、これから自分がどうしたらよいかわからなかったのでいろいろな質問を行うと、わかることは丁寧に返答してくれて、カウンセラーもわからないことはわからない、できないことはできない、ときちんと返答してくれました。専門家であるのに「できることは少ないけれどもお話を聴かせていただき一緒に考えていきたいと思っています」と言ってくれて、その態度がとても信頼できると感じ、継続して来談することに決めたのでした（第5話（p.213）に続く）。

05

カウンセリングの
プロセス

カウンセリングのモデルとそのプロセス

　カウンセリングのプロセスは各技法やモデルによっても異なります。**医学モデル**では「症状・問題」に対して「検査・問診」を行い「病因の発見／診断」に至り、適切な介入方法によって「病因の除去・弱体化」、そして「治癒」に至ります。次に**教育モデル**では「問題」に対して「調査・面接」を行うことで「原因の発見」に至り、そこに対して「助言・指導による原因の除去」を試み、「解決」に至ります。心理療法では次の**成熟モデル**が重要であるといえます。「問題・悩み」をもつクライエントが来談すると「カウンセラーの態度」（➡ p.58）に伴い、「クライエントの自己成熟過程が促進」され、その結果として「解決が期待される」というものです。これをより高めたものとして**自然モデル**というものがあります。これはクライエントが自ずからあるべき様へと進むようカウンセラー自身もあるべき様の状態で「**待つこと**」が求められます。

カウンセリングの停滞と展開を促す偶然性の出来事（共時性・布置）

　カウンセラーやクライエントがいくら努力を積み重ねても突破できない状況や停滞が生じてしまうことがあります。そういうときに偶然の出来事によって突然道が開けることがあります。外からみれば単なる偶然ですが、カウンセラーやクライエントからするとその偶然は心理療法のプロセスにおける意味のある偶然として理解されます。このような意味のある偶然の出来事は**共時性**と呼ばれ、その状況を**布置**と呼ぶこともあります。心理療法は徐々に進んでいくものですが、時として停滞から一気に飛躍的に気づきや変化がもたらされることがあります。自然モデルはこのようなはたらきが生まれるよう、余計なことをせずに待つことでもたらされるモデルともいえます。

カウンセリングのプロセス 図

第1章 臨床心理学をはじめて学ぶ人が知っておきたいこと

第2章 こころの基本的な仕組み

第3章 代表的な心理療法・アプローチ

第4章 臨床心理学のアセスメントと検査方法

第5章 臨床心理学の主な支援対象

第6章 臨床心理学が活きる場

第7章 臨床心理学の専門家

第8章 カウンセリングの実際

治療モデルの特徴

医学モデル	（治療者が）治す　介入的	意識で把握したものを重視
教育モデル		
成熟モデル		
自然モデル	（自ら）治る　待つことを重視	無意識を重視 自己治癒力を重視

事例　第5話：展開・停滞・偶然の出来事

　その後、Aさんは心療内科でうつの診断を受けて、診断書も書いてもらい1か月間休職することになりました。休職中にAさんは人事課の担当者と、復職後に業務量を減らしてもらうように相談しました。ただ、後輩のサポート担当はやりたくて継続させてもらうよう申し出ました。休職することでうつ症状はなくなり無事に復職を果たすことができました。

　一方で、異動してきた女性への否定的な気持ちが以前よりも大きくなっていました。そのため、その女性への気持ちやかかわりに合わせて母親との過去を振り返り、現在の母親との関係性も変化させていこうと取り組むことにしました。その結果、母親に対して怒りが湧いたり拒否や意見を言ったりすることもできるようになり、**母親との分離**が徐々に進み始めました。すると平行して今の仕事を続けるほうがよいのかどうかと考えるようになりました。でも、別の仕事は思い浮かばずカウンセリングの展開も停滞するようになりました。ただ、カウンセラーは焦らずしっかりと**待つ態度**をとり続けました。そんなとき、偶然に小学校時代の友達にばったりと会い、お茶をすることになりました。小学校当時の話をしていると『Aちゃんは昔「誰かの助けになる仕事がしたい」って言っていたもんね』と言うのでした。Aさんはその瞬間に電気が走ったようにはっとして「そうだ！ 私は、本当は誰かの助けになるような仕事がしたかったんだ！」と**自らの生きる方向性に気づく**ことができました（最終話（p.215）に続く）。

06
カウンセリングの終結

主訴が移り変わる・新たな課題が生まれ続ける場合

　主訴や症状がなくなった場合は明確な終結のときといえますが、一つの課題が解消されたと思った後に、また別の課題が現れ、それが解消されるとさらにまた別の課題が、と終わりなき治療が展開される場合があります。しかし、心理的課題が解消されては新しく生まれる場合、心理療法が長く続いてしまうという点はあるものの、問題解決の数だけクライエントの得るものも増えていくともいえます。また、主訴や症状がなくならなくても「自分一人でやっていける」「カウンセリングがなくてもやっていける」と思えるようになるときが終結のときであるといえます。つまり終結はカウンセラーが不要になるぐらいに変化・成長したことでもあり、カウンセラーとの関係性が深く**内在化**され、現実で会う必要がなくなったともいえます。

終わりを迎えるときに生じること

　終結はカウンセラーとの別れを意味し、不安を生じさせます。また症状や問題がなくなったことは喜ばしいことですが、それはある種のバランスを崩すことでもあります。そのため、これまでの経過や主訴がなくなったことを話し合い、来談以前の自分と今の自分とをつなぎ合わせる作業を行うことで、安心した別れを促すことができます。また終わりに際して、カウンセラーがそばにいてくれる夢や逆に死ぬ夢を見る、プレイセラピーではカウンセラーを殺す遊びや死に関する表現をする場合があります。これらはカウンセラーとの別れの表現であるとともにカウンセラーがこころに内在化されていることを表現しているともいえます。ただ、カウンセラーにとっては別れが一つの終わりですが、忘れてはいけないのがクライエントの人生はその後も続くということです。

心理療法による回復とカウンセラーの内在化

| カウンセリング 開始前 | 継続的に カウンセリングを 受ける | 心理的課題の解消・ カウンセラーの内在化 |

事例　最終話：カウンセリングの成果と別れ

　母親との分離が進むなかで自分を育ててくれた思いも蘇り、**感謝の気持ち**が出るようになりました。そして母親と一緒に旅行に行くこともでき、分離したうえで適切なつながりを得られるようになりました。Aさんが気づいた誰かの助けになる仕事については、働きながら医療事務の資格取得を目指すことにしました。資格取得後には近隣の総合病院の医療事務に転職を果たすことができました。すると「カウンセリングがなくてもやっていける」とAさんは思うようになり、カウンセラーと二人で話し合ったうえで**終結**することになりました。ここに至るまで3年がかかりました。

　そして最後にもう一度バウムテストを実施することにしました。描いていると「色も塗ってもいいですか？」と尋ねて彩色もしました。根元から安定感があり枝や葉が緑豊かに茂った鮮やかな木を描きました。成長したAさんのようなその木を二人で眺めながら、ここに至るまでの日々を振り返りました。カウンセラーが＜長かったですね＞と伝えるとAさんは「はい。でもたった3年で自分が本当にやりたいことが見つかって、生き方を変えられたのなら、私にとっては短い、早いとも思いました。本当にありがとうございました」と気持ちを言葉にされました。そして「何かあっても、私のこころのなかの先生と対話してやっていけそうな気がします」とも添えてくれました。**抑うつ状態からの回復**、**母親との分離**、さらにAさん自身の**本質的な生き方の発見**にも至り、カウンセリングは終結となりました（完）。

第8章参考文献

● 河合隼雄『心理療法序説』岩波書店、1992年

索引

執筆者一覧

[編著]

井上 嘉孝（いのうえ・よしたか）　　第1章、第2章、第3章1・4・6・9・13・
　　　　　　　　　　　　　　　　　　25・36・37・39、第6章8
京都文教大学臨床心理学部臨床心理学科准教授／洛南心理オフィス代表／臨床心
理士・公認心理師

[著者]

倉西 宏（くらにし・ひろし）　　第3章2・7・12・21・28・29・34、第5章11・
　　　　　　　　　　　　　　　　　12・13・16、第6章3・4・9・10、第8章
京都文教大学臨床心理学部臨床心理学科准教授／京都文教大学グリーフケアトポス
「Co＊はこ」／臨床心理士・公認心理師

清水 亜紀子（しみず・あきこ）　　第3章3・5・8・11・23・24・27、第4章、
　　　　　　　　　　　　　　　　　　第5章4・5・6、第6章1・7
京都文教大学臨床心理学部臨床心理学科講師／五条大宮カウンセリングオフィス代
表／臨床心理士・公認心理師

千秋 佳世（せんしゅう・かよ）　　第3章10・19・20・26・30・33・35、第5
　　　　　　　　　　　　　　　　　章7・8・9・10・17・18、第6章5、第7章
京都文教大学臨床心理学部臨床心理学科講師／臨床心理士・公認心理師

長谷川 千紘（はせがわ・ちひろ）　　第3章14・15・16・17・18・22・31・
　　　　　　　　　　　　　　　　　　32・38、第5章1・2・3・14・15、第6章
　　　　　　　　　　　　　　　　　　2・6
京都文教大学臨床心理学部臨床心理学科講師／臨床心理士・公認心理師

図解でわかる
臨床心理学

2023年11月30日　発行

編　著　　井上嘉孝
発行者　　荘村明彦
発行所　　中央法規出版株式会社
　　　　　〒110-0016　東京都台東区台東3-29-1　中央法規ビル
　　　　　TEL　03(6387)3196
　　　　　https://www.chuohoki.co.jp/

印刷・製本　　日経印刷株式会社
装幀デザイン　二ノ宮匡（ニクスインク）
本文・DTP　　日経印刷株式会社
装幀イラスト　大野文彰
本文イラスト　坂木浩子